Shakespeare e Maquiavel

A Tragédia do Direito e da Política

Conselho Editorial
Ana Paula Torres Megiani
Eunice Ostrensky
Haroldo Ceravolo Sereza
Joana Monteleone
Maria Luiza Ferreira de Oliveira
Ruy Braga

Shakespeare e Maquiavel

A Tragédia do Direito e da Política

Rodrigo Suzuki Cintra

Copyright © 2016 Rodrigo Suzuki Cintra

Grafia atualizada segundo o Acordo Ortográfico da Língua Portuguesa de 1990, que entrou em vigor no Brasil em 2009.

Edição: Haroldo Ceravolo Sereza
Editora assistente: Camila Hama
Projeto gráfico e diagramação: Camila Hama
Capa: Camila Hama / Gabriel Siqueira
Assistente acadêmica: Bruna Marques
Revisão: Andressa Neves
Assistente de produção: Jean Ricardo Freitas

Este livro foi publicado com o apoio da Fapesp.

CIP-BRASIL. CATALOGAÇÃO NA PUBLICAÇÃO
SINDICATO NACIONAL DOS EDITORES DE LIVROS, RJ

C521s

Cintra, Rodrigo Suzuki
SHAKESPEARE E MAQUIAVEL : A TRAGÉDIA DO DIREITO E DA POLÍTICA
Rodrigo Suzuki Cintra. - 1. ed.
São Paulo : Alameda, 2015.
216 p. ; 23 cm.

Inclui bibliografia
ISBN 978-85-7939-352-5

1. Shakespeare, William, 1564-1616 - Visão política e social.
2. Shakespeare, William, 1564-1616 - Crítica e interpretação.
3. Machiavelli, Niccolò, 1469-1527 - Visão política e social. 4. Machiavelli, Niccolò, 1469-1527 - Crítica e interpretação. 5. Justiça e política. 6. Ciência política. I. Título.

15-26655   CDD: 320
                 CDU: 32

ALAMEDA CASA EDITORIAL
Rua 13 de Maio, 335 – Bela Vista
CEP 01327-000 – São Paulo, SP
Tel. (11) 3012-2403
www.alamedaeditorial.com.br

*Ao meu pai, Dyrceu Cintra Jr.
pela política, pelo direito, pela arte: uma vida.*

[...] pois não existe outro tema, notai bem: o antagonismo entre o sonho no homem e as fatalidades de sua existência conferidas pelo infortúnio.

Stéphane Mallarmé

Voltando ao começo de tudo que converso –
Desejos e fatos correm em sentido inverso.
Por isso nossos planos nunca atingem a meta,
O pensamento é nosso, não o que projeta.

Hamlet de Shakespeare

Sumário

PREFÁCIO 11

NOTA PRÉVIA 17

SISTEMA DE CITAÇÕES 19

SOBRE DIREITO, POLÍTICA E TEATRO 23

INTRODUÇÃO 29

A PERSPECTIVA TRÁGICA 41

A tragédia clássica 43

A Tragédia Shakespeariana 51

A Tragédia Maquiaveliana 63

FILOSOFIA POLÍTICA, LITERATURA E JUSTIÇA TRÁGICA 77

Lendo Shakespeare a partir de Maquiavel 79

Poder e Justiça em Maquiavel 93

Poder e Justiça em Shakespeare 105

Hamlet 110

Otelo 117

Rei Lear 125

Macbeth 131

Ordem e Desordem em Shakespeare e Maquiavel 141

O Público e o Privado em Shakespeare e Maquiavel 153

O HOMEM TRÁGICO 163

O Príncipe como Personagem Trágico em Maquiavel 165

O Personagem Trágico como Príncipe em Shakespeare 169

CONSIDERAÇÕES FINAIS 175

ANEXO 1 – Resumo do enredo de *Hamlet* 179

ANEXO 2 – Resumo do enredo de *Otelo* 183

ANEXO 3 – Resumo do enredo de *Rei Lear* 187

ANEXO 4 – Resumo do enredo de *Macbeth* 191

BIBLIOGRAFIA 195

ÍNDICE REMISSIVO 209

AGRADECIMENTOS 213

Prefácio

Rodrigo Suzuki Cintra busca, neste trabalho, estabelecer uma relação entre política (centrada nuclearmente no poder) e direito (centrado na justiça) a partir da ideia de tragédia. Para isso se vale das obras *O Príncipe*, de Maquiavel, e *Hamlet, Otelo, Rei Lear* e *Macbeth*, de Shakespeare.

Trata-se de um trabalho original, fruto de sua tese de doutoramento, que tive muita satisfação em orientar.

De um lado, está Maquiavel, em *O Príncipe*, que sabe e sustenta o que é a ética cristã. Mas que, segundo o autor, propicia aos homens de *virtù*, a certos príncipes, a possibilidade de agir completamente fora da ética cristã. Não é que ele não saiba distinguir o certo do errado (segundo os padrões da moralidade cristã). É só que essa ética não pode vincular a ação dos homens de *virtù*. Resultado: se o conflito entre duas ordens de valores essenciais é fundante na tragédia, Maquiavel opera esse conflito constantemente ao longo da obra.

De outro, Shakesperare. Todos os personagens trágicos de Shakespeare selecionados pelo autor para seu trabalho (Hamlet, Otelo, Macbeth e Lear) são homens de poder, "príncipes", segundo o vocabulário de Maquiavel. Eles podem querer mais poder (Macbeth), estar submetido à lógica da sucessão do poder (Hamlet) ou perder o poder (Otelo e Lear).

O autor caracteriza os personagens trágicos das quatro obras escolhidas para a sua análise de Shakespeare a partir da dicotomia *Virtù* e Fortuna, própria de Maquiavel. Todos eles têm *virtù* (Hamlet e Macbeth), ou já tiveram, outrora (Lear) ou a perdem ao longo do enredo das peças (Otelo). Hamlet seria, assim, o personagem mais inteligente da história da literatura. Só comparável a Ulisses. Porém, suas inteligências seriam diferentes. Ulisses é a astúcia da razão. Hamlet é "o retrato de um filósofo quando jovem..." (como caracteriza Rodrigo Suzuki Cintra, em uma alusão a James Joyce).

Nesse jogo de iluminação, busca o autor entender como a ética política de Maquiavel, oposta a ética cristã, pode auxiliar a compreender as atitudes dos personagens shakespearianos. Aí seu empenho em identificar em Shakespeare os personagens maquiavélicos. Cláudio (*Hamlet*), Iago (*Otelo*), Macbeth e Lady Macbeth tornam-se exemplos de personagens completamente malévolos que seguem a lógica maquiavélica. É a tensão entre aparência e essência, própria de Maquiavel, que elogia as aparências em detrimento da essência: Cláudio, Iago, Goneril-Reagan-Edmund (*Rei Lear*), Macbeth e Lady Macbeth são personagens a simular suas verdadeiras intenções o tempo todo. "Para mim, quem manipula jamais erra." – Edmund. "Vilão, vilão, sorridente e amaldiçoado vilão." – Hamlet diz sobre Cláudio. "Vamos, mostrando ar sereno e são, / O rosto esconde o falso coração." – Macbeth.

A ideia de tragédia aparece, neste livro, como um ponto de fuga para o desenho das relações entre poder e justiça no início da modernidade. E nisso vê Rodrigo Suzuki Cintra uma espécie de semelhança desconcertante entre os dois autores: ambos teriam uma concepção de poder e justiça que se poderia chamar de trágica.

Esse é um ponto interessante a merecer uma curta reflexão, a que me proponho, a título de um breve prefácio.

A tragédia. O temor diante do horror ou provocado pelo horror faz parte da tragédia, mas não em termos de uma fuga para a resignação, e sim em termos de uma afirmação do temível como algo que pertence imutavelmente ao belo. A tragédia é o lugar onde se afirma o temível como pertencente à beleza em contradição interna. Daí o ato heroico como um ir ao encontro, simultaneamente, do maior sofrimento e da maior esperança.

Ou, nas palavras de Walter Benjamin (A origem do drama trágico alemão, Lisboa, 2004, p. 116), o herói trágico estremece ante o poder da morte, mas como algo que lhe é familiar, próprio e destinado. A sua vida desenvolve-

-se a partir da morte, que não é o seu fim, mas a sua forma, pois a existência trágica só chega à sua realização porque os limites, os da vida na linguagem e os da vida no corpo, lhe são dados *ab initio* e lhe são inerentes. Por isso a obstinação do herói é uma obstinação muda, que resgata com sua vida o direito ao seu silêncio.

Em Shakespeare a tragédia toma um sentido próprio, quando fincada na relação de poder, um núcleo sensível que repousa na capacidade de mandar e ser obedecido.

Shakespeare tem ainda um olho no poder medieval, preso à concepção ritualística da realeza, cuja legitimidade se baseia na herança transmitida pelo sangue. Como a terra de onde vem a seiva que alimenta as plantas, é o sangue que transmite o poder, donde as séries hereditárias que legitimam a autoridade. Conspurcar o sangue, como se vê em Hamlet, é conspurcar a legitimidade da herança e do poder, cujo mecanismo deve ser respeitado. Um mecanismo intemporal, que apenas depende dos ciclos naturais das estações, em que tudo nasce, vive e morre para renascer, num movimento que perpetua o mando e dá as normas da obediência.

Está aqui presente a antiga doutrina dos *dois corpos do rei*, uma das mais importantes da teologia medieval, que repousava no duplo sentido do corpo de Cristo. Fruto de um longo desenvolvimento que remonta à Igreja dos primeiros séculos, a doutrina desenvolve e precisa o mito do rei *imago Dei*. Enquanto representante de Deus na terra, o rei emprestaria algo da natureza de Cristo: o corpo natural, submetido às vicissitudes da vida e o corpo místico ou político, donde a legitimidade do poder real.

François Ost (*Shakespeare, La Comédie de la Loi*, Paris, 2012, p. 164) reporta um poema alegórico do bardo inglês (*The Phoenix and the Turtle*), escrito no momento em que ocorriam os debates em torno da sucessão de Elisabeth I[a], em que o mito da ave que renasce das próprias cinzas, portanto mortal e imortal, é usado para celebrar a máxima: *o rei está morto, viva o rei*. Shakespeare mostraria em suas peças uma espécie de interiorização da teoria, na medida em que seus personagens vão, a pouco e pouco, encontrando em si mesmos a origem principal dos males que os afligem.

O outro olhar estaria na interpretação materialista e realista de Maquiavel, em que não seria a teologia política, mas o cinismo dos príncipes que faz a história, em que a eficiência pode suprir a legitimidade da origem no sangue. Antonio Cândido (*O albatroz e o chinês*, Rio de Janeiro, 2010, p. 47) faz menção, com apoio em Barbara Heliodora (*A expressão dramática do homem político em Shakespeare*, Rio de Janeiro, 1978), à hipótese de que o poeta conhecia já melhor o pensamento de Maquiavel, quando apresentou a usurpação politicamente válida do reino de Ricardo II por seu primo, Bollingbroke. Tratava-se da incompetência do monarca deposto, sua desmedida noção de privilégio e sua clamorosa irresponsabilidade.

Em lugar do mundo do sangue e da terra, entra o mundo do dinheiro, da burguesia já triunfante, em que o tempo conta, não mais como a terra, quando bem econômico básico e intemporal, mas como um tempo escasso, em que o indivíduo se faz em ritmo acelerado de acumulação e produção racional (Antonio Cândido, p. 56). Aqui aparece um sentido irônico da tragédia, favorável à ambiguidade, em que se embaralha o que é com o que parece ser. Em que aquele que pensa mandar pode ser apenas um joguete e o joguete até mais poderoso do que aquele que manda. E onde a morte é forma suprema de mandar, para quem pode determiná-la e também, de se submeter, para quem a sofre.

Esse mecanismo maquiavélico, que Shakespeare personifica na forma de *fortuna* e *virtú*, reúne, sob a forma de contingência e sorte, de felicidade e infelicidade, os critérios justos de legitimidade, os critérios factuais de eficácia nos critérios jurídicos de legalidade. Cujo sentido trágico se traduz em certa fraqueza do poderoso, como o rei Lear que, ao fim da vida, imagina uma artimanha que lhe permita conservar a dignidade real do sangue e desembaraçar-se dos encargos da eficiência, mediante um jogo jurídico de renúncia que faz dele uma variante da questão hamletiana: *ser ou ter sido rei?*

Trata-se, talvez, da introdução, na doutrina dos dois corpos do rei, de um *terceiro corpo*, como se vê em Hamlet: o corpo da rainha que se interpõe entre o corpo natural e o corpo místico do rei, alimentando a hesitante confusão mental que o acossa até o fim: *ser ou não ser*.

Encerro com uma observação sobre um empenho metódico preciso que merece ser acompanhado e para o qual se convida o leitor. Rodrigo Suzuki Cintra realiza, com este livro, um trabalho de filosofia, a partir de uma estratégia própria: buscar o conteúdo político-jurídico por trás da arte

Shakespeareana e o conteúdo artístico trágico-literário de Maquiavel por trás dos argumentos da política.

Tercio Sampaio Ferraz Junior

Nota prévia

Este livro é, em muitos sentidos, resultado de tese de doutorado que defendi na Faculdade de Direito da Universidade de São Paulo em 2012. Na ocasião da defesa da tese, pude ser arguido pelos professores doutores Tercio Sampaio Ferraz Jr., José Garcez Ghirardi, Alysson Leandro Mascaro, Elza Boiteux e Marcio Pugliesi.

Para quem conhece tais professores, não é preciso dizer que o debate de ideias, mesmo nos momentos de maior tensão, se deu de maneira admiravelmente elegante. Muitas sugestões desses professores foram acolhidas para a produção deste texto, para falar a verdade.

Sobre alguns argumentos deste livro que são mais polêmicos, seja na interpretação da tragédia shakespeariana ou, principalmente, na tese de que Maquiavel pode ser lido por meio de uma chave de leitura trágica, devo confessar que continuo sustentando certas posições mais controversas. Apesar de ter recebido críticas valiosas sobre determinados pontos da tese, devo dizer que serviram, muitas vezes, de maneira inversa, para que eu ficasse mais seguro de minhas posições. Todo pesquisador sério, em algum momento, justamente por defender teses, deve sustentar seus argumentos mesmo que contra a corrente. Em outras palavras, continuo teimoso sobre algumas questões.

Este livro, que tem origem acadêmica, no entanto, foi adaptado para os moldes editoriais padrões, de modo que alguns pontos da tese original foram suprimidos, outros acrescentados e, muitos, adaptados.

Aqui está, então, o meu *Shakespeare e Maquiavel – A Tragédia do Direito e da Política*, que passou por um longo período solitário de produção e que agora ofereço aos leitores para estimular o debate transdisciplinar entre direito, arte e política. Mas entrego este livro à minha maneira, ou seja, às vezes, mantendo certas manias.

Sistema de citações

As citações das peças de Shakespeare utilizadas neste trabalho foram colhidas das traduções, já clássicas em língua portuguesa, de Barbara Heliodora, que as verteu diretamente dos originais em inglês. Para localizar com maior facilidade a citação no texto da peça, numeramos, como de costume nas boas edições do dramaturgo, os atos, os versos e as falas, logo após identificar a peça. O primeiro número, em algarismos romanos, corresponde ao ato, o segundo, à cena, e os demais, em algarismos arábicos, ao verso ou aos versos das referidas peças. Por exemplo, para nos referirmos ao famoso verso "Ser ou não ser, essa é que é a questão" assim o faremos: *Hamlet*, III.i.57. Existem outras excelentes traduções de Shakespeare para o português, como as de Millôr Fernandes, Manuel Bandeira e Carlos Alberto Nunes, que traduziu todo o cânone shakespeariano. O problema destas traduções, para um estudo de caráter acadêmico, é que não numeram as referências, tornando muito difícil ao leitor acompanhar este trabalho cotejando diretamente com as obras do Bardo.

Em dois casos, no entanto, pareceu-nos obrigatório, para dar mais clareza ao próprio texto, utilizar traduções que não fossem as de Barbara Heliodora. A epígrafe inicial de todo este trabalho, no caso uma citação de *Hamlet*, e a epígrafe de nossas Considerações Finais, uma citação da peça *Como Gostais*. A primeira é de autoria de Millôr Fernandes e a segunda de nossa própria lavra.

Para os estudiosos de Shakespeare, um dos problemas mais intrincados é estabelecer qual a versão do texto é a mais adequada para iniciar os trabalhos. Isso ocorre porque temos divergências, nem um pouco pequenas, entre as diversas fontes do texto. Seguiremos, neste caso, mais uma vez, as escolhas em português feitas por Barbara Heliodora. No original em inglês, seguiremos a coleção completa das obras de Shakespeare publicadas pela *Arden Shakespeare*. O problema é que, às vezes, devido à escolha do texto a ser seguido pela tradutora, ou devido a particularidades e necessidades do próprio processo de tradução, que, por vezes, aumenta um verso ou suprime outro para acompanhar o sentido original da melhor forma possível, a referência numérica em inglês não corresponde exatamente à referência numérica em português. Para não confundir o leitor, uma vez que o objetivo é providenciar sempre as maiores facilidades para que se possa acompanhar a leitura, sem prejuízo do rigor, decidimos fornecer, também, a referência numérica das edições da *Arden Shakespeare*. Assim, o leitor poderá acompanhar a leitura de nosso trabalho tanto pelas traduções quanto pelos originais sem se perder ao meio dos textos. Todas as citações de Shakespeare estão em português no corpo do texto e no original, em inglês, nas notas de rodapé.

No capítulo 2.3, *Poder e Justiça em Shakespeare*, empregamos um recurso que talvez precise de maior explicação. Utilizamos como epígrafe do capítulo, e das subdivisões deste mesmo capítulo, estrofes retiradas de um único poema de Dylan Thomas intitulado *Do not go gentle into that good night*. A estratégia, neste caso, é comparar os personagens shakespearianos com os caracteres que a poesia descreve e, sobretudo, destacar que seus fins, na medida em que tratamos de peças trágicas, levam, inevitavelmente, à morte. Mas, no entanto, justamente por serem personagens trágicos, a morte não se apresenta como um fim tranquilo e sossegado. A tradução desta poesia é de nossa autoria e seu título, em português, seria o seguinte: *Não vás tão gentilmente nessa boa noite escura*. Está claro, por certo, que o poeta, Dylan Thomas, não tinha em mente, quando produziu esse poema, que ele pudesse caracterizar, estrofe por estrofe, as quatro grandes personagens trágicas de Shakespeare. Tal relação é de nossa exclusiva responsabilidade.

Quanto às citações de *O Príncipe* de Maquiavel, utilizamos a edição bilíngue da editora Hedra, organizada e traduzida por José Antônio Martins. Para melhor localizar as citações, o tradutor numera as frases nos respectivos capítulos, de modo que se pode acompanhar e cotejar melhor a tradução com o original. Resolvemos seguir tal método. Assim, no corpo do texto em português, sempre que tivermos uma citação do *Príncipe*, ela será precedida de um número que corresponde à ordem das frases no respectivo capítulo do livro, que pode ser encontrado ao fim da citação. Todas as citações de Maquiavel estão em português no corpo do texto e no original, em italiano, nas notas de rodapé.

As traduções de Barbara Heliodora de Shakespeare, bem como a de José Antônio Martins de Maquiavel podem ser encontradas com facilidade em nosso mercado editorial.

Sobre direito, política e teatro

> *A tragédia é a cidade que se fez teatro, que se coloca ela própria em cena, diante do conjunto dos cidadãos.*
>
> Jean-Pierre Vernant

As arenas de urso espalhadas por Londres ficavam ao céu aberto. O urso era amarrado em uma estaca e atacado por vários cães. Em geral, como esperado, apesar de ser um dos mais fortes animais, sucumbia às investidas reiteradas dos caninos. O espetáculo era todo montado para a degradação da força. Nem o mais forte dos ursos, um dos mais ferozes carnívoros, saía ileso do confronto com os muitos cães que o cercavam e o mutilavam sem piedade.

As brigas de galo também eram concorridas. Como se sabe, nesta espécie de diversão o galo perdedor quase sempre acaba morto. Um galo que perde a luta e continua vivo dificilmente serve para qualquer coisa depois do combate. Ele fica, por assim dizer, eternamente medroso e incapaz de disputar, por se tornar covarde, um próximo confronto.

Outras formas de divertimento, menos jogos e mais espetáculos, apesar de não se estruturarem na lógica das apostas em dinheiro, também caracterizavam essa Londres e, por extensão, quase toda a Europa do início da Era Moderna.

A queima de bruxas, por exemplo, era comum neste período. Sentenciadas ao fogo por suas atividades não-cristãs, por seus dotes mágicos não ortodoxos, elas ardiam em chamas aos olhares dos espectadores curiosos que acompanhavam, pacientemente, todo o processo – desde a armação da imensa fogueira até o atear fogo na mulher considerada bruxa –, seguido, obviamente, dos gritos de dor de quem está sendo queimada viva, o que, por sinal, os espectadores também acompanhavam pacientemente.

As execuções públicas também faziam parte do universo do entretenimento. Ávido por ver cabeças rolarem literalmente ao chão, o povo clamava por justiça nas ruas. As execuções, por serem públicas, davam a impressão de transparência e credibilidade aos julgamentos. Claro que, mais do que as outras brincadeiras de época, as execuções tinham um caráter mais profundo. Não era apenas a justiça que estava sendo feita, já que muitas das execuções tinham um conteúdo marcadamente político. O executado era, nesses casos, quase sempre sentenciado pela mesma acusação – traição.

Os jogos, as brincadeiras e diversões podem fornecer bons indícios para a investigação da mentalidade de uma época. A arena de ursos, a briga de galo, a queima de bruxas e as execuções têm uma conexão que não pode deixar de ser percebida: todas estas se configuram através da lógica de um espetáculo com uma respectiva plateia. Apesar de parecerem estranhas ou talvez anacrônicas para nosso olhar contemporâneo, estas formas de diversão eram muito populares no período.

Contudo, na Inglaterra do início do período moderno, uma outra forma de entretenimento, menos ingênua e ao mesmo tempo mais sofisticada, também fazia parte do cotidiano do povo e também da corte: o teatro.

Seguindo a lógica do espetáculo, o teatro clássico se constitui tradicionalmente a partir de três elementos essenciais: os atores, os espectadores e o texto.

Talvez seja possível, a partir destes elementos essenciais, encontrarmos uma dimensão teatral no direito e na política. Através de um recorte de investigação interdisciplinar, identificarmos, na armação da cena dramática, elementos próprios do jurídico e do político. Isso se dá, não apenas devido à possibilidade do conteúdo da peça ter, notadamente, um caráter jurídico ou político, mas também devido à forma por meio da qual o teatro se estrutura.

Tanto o direito quanto a política operam através de atuantes que desempenham uma função social específica. O jurista e o político, cada um a sua maneira, exercem um papel na sociedade. Atores de outros palcos, seja no tribunal ou no palanque, estas personas se empenham em representar a justiça e o poder.

O teatro, além disso, é composto por uma audiência, por um público que compartilha as emoções. O discurso que se enuncia na boca do ator, ou seja, a fala ou o monólogo; o discurso normativo, aquele da norma ou da doutrina jurídica e o discurso político têm, inicialmente, uma mesma característica: são produzidos para um público.

Por ser de interesse geral, o teatro do início da modernidade inglesa encenava aquilo que o povo gostava de assistir: histórias de reis e príncipes, confrontos pelo poder político nas cortes, dramas históricos, peças de ambientação exótica. Mesmo dentro do teatro, a animada plateia, ou seja, o indisciplinado e arruaceiro público, reunia-se não só para assistir à peça, mas também para conversar sobre os mais diversos assuntos. Como não poderia deixar de ser, um dos assuntos era, justamente, a política. Tema que, por ser de preferência e gosto geral, como podemos perceber pelo conteúdo das peças que eram exibidas, era frequentemente revisitado pelos dramaturgos do período. Como relato de uma época, o teatro acaba por delinear a dimensão política de seu próprio tempo.

Mas, em um aspecto o teatro se distinguia das demais atrações dos ingleses do fim do século XVI e começo do século XVII. As arenas de urso, as brigas de galo, a queima de bruxas e as execuções públicas eram centradas na lógica de um espetáculo visual. O público queria ver o urso ser atacado, o galo ser morto, a bruxa ser queimada e a cabeça ser cortada. Ocorre que, no teatro, a plateia tinha que desenvolver uma outra habilidade para acompanhar o enredo. Ela precisava saber *escutar* e interpretar os versos. O público elisabetano era treinado para a compreensão dos jogos de linguagem, como, por exemplo, a ironia, o trocadilho e a ambiguidade.

Isso se dava, inclusive, devido à falta de recursos cênicos. Mesmo o Teatro Globe, que era muito desenvolvido para a época, não podia sustentar o espetáculo apenas pelo cenário.[1] Então, estabeleciam-se convenções. Era comum que

---

1   O Teatro Globe, da companhia de atores de Shakespeare, era o maior da época. Com uma estrutura que suportava de 2.500 a 3.000 pessoas, ficava ao céu aberto como nas arenas de urso. Ali, como no sacrifício deste animal, as pessoas poderiam assistir às tragédias de grandes homens que morriam até o fim da peça. Homens-ursos, estes personagens trágicos de grandeza passavam por um itinerário em que eram atacados por fenômenos que não poderiam controlar por completo, mas que, pouco a pouco, acabavam por encerrar com suas vidas.

todo um reino fosse representado apenas por um trono, toda uma floresta por uma árvore. Assim, de fato, eram as palavras, a linguagem como a utilizada por Shakespeare, por exemplo, que mantinham o interesse do público aceso.

Desta maneira, o terceiro elemento constituinte do teatro, o texto, tem uma função especial no teatro da Renascença inglês. No déficit do cenário, as pessoas não tinham muito o quê ver, o público era compelido a ouvir as palavras enunciadas pelos atores para poder assim acompanhar as peças.

É importante perceber que, nesse caso, quando a política é desenhada no texto da peça e desempenhada na encenação, os jogos de cena se transformam em jogos de poder. E, dessa maneira, o dramaturgo arquiteta enganos e armadilhas que são próprios do teatro, com o intuito de alcançar certas concepções da política. No palco, o que se via em Shakespeare, por exemplo, eram intrigas relativas aos jogos de poder que os nobres teciam entre si.

Cabe, neste contexto, questionar em que sentido o teatro pode contribuir para a compreensão do fenômeno jurídico e político.

Os textos das peças de teatro, em seu caráter de forma literária, podem auxiliar os estudiosos do direito e da política a compreender melhor seu objeto de estudo. Com efeito, a linguagem é elemento comum entre teatro, direito e política, principalmente no que diz respeito aos processos de convencimento inerentes ao fazer justiça e ao fazer política. Um movimento como o *Law and Literature*, por exemplo, pode muito se beneficiar por esse tipo de análise.

Na tradição do movimento *Law and Literature*, três ramos de estudos diversos aparecem em caráter interdisciplinar: o direito *na* literatura, o direito *como* literatura e o direito *da* literatura.

O direito *na* literatura (*Law in Literature*) corresponde a uma análise que busca o jurídico por trás da obra de arte literária. É a crença de que a literatura pode auxiliar na compreensão do fenômeno jurídico, na medida em que certos temas jurídicos estariam mais bem formulados nas grandes obras literárias do que em tratados, manuais e compêndios especializados.[2] É a possibilidade de me-

---

2   TRINDADE, André Karam; GUBERT, Roberta Magalhães. "Direito e Literatura: aproximações e perspectivas para se repensar o direito". In: TRINDADE, André Karam; GUBERT, Roberta Magalhães; NETO, Alfredo Copetti (orgs.). *Direito e literatura – reflexões teóricas*. Porto Alegre: Editora Livraria do Advogado, 2008, p. 49.

diação entre o discurso descritivo e o discurso prescritivo, meio caminho entre a narração e a norma.

O romance *O Processo* de Franz Kafka é um exemplo claro deste modo de intermediação. Para além de sua inegável qualidade estética, é possível se ler, nas entrelinhas do texto, uma discussão sobre os procedimentos judiciários e sua irracionalidade. *Crime e Castigo* de Dostoiévski é outro exemplo de obra literária que permite uma análise de caráter jurídico sob a película do valor estético do romance.

Outro campo de estudo é o direito *como* literatura (*Law as Literature*). Esse tipo de estudo utiliza os recursos da crítica literária para a interpretação do direito. Considera o texto jurídico um texto como outro qualquer, de modo que estaria sujeito às mesmas regras de interpretação que seriam válidas na análise de obras literárias.

Os trabalhos desta ordem, obviamente, estão baseados em uma forte concepção de que o direito se realiza por meio da interpretação e, portanto, está atrelado a um ideal de superação do positivismo jurídico.[3] A subsunção, como modelo de prática jurídica, cede espaço para a hermenêutica como paradigma do fazer do jurista.

A terceira forma de estudo em que Direito e Literatura se unem é o campo que ficou conhecido como o Direito *da* Literatura (*Law of Literature*).

Trata-se, neste caso, do direito relativo à autoria e às circunstâncias das obras literárias. Assim, o que se discute, por exemplo, é a propriedade intelectual, a responsabilidade civil do escritor, a liberdade de expressão e os aspectos penais relativos a esta liberdade de expressão (injúria, difamação e calúnia).

Já no que diz respeito às relações entre o teatro e a política, talvez valha a pena nos lembrarmos da lição de Balandier: "Tirando uma conclusão radical, certos politólogos contemporâneos localizam a verdade do poder no substrato das grandes mitologias mais do que no saber produzido pela sua própria ciência".[4] De fato, talvez seja possível identificar duas ordens de relacionamento principais entre o teatro e a política.

Em um primeiro lugar, o teatro é capaz de produzir representações das dimensões de poder e dominação com muito mais propriedade, por vezes, do

---

3   *Ibidem*, p. 54.

4   BALANDIER, Georges. *O poder em cena*. Brasília: Editora UNB, 1982, p. 5.

que os manuais políticos sobre o assunto. Isso porque a liberdade da arte, que não precisa necessariamente acompanhar o real, pode alçar estas representações ao nível da metáfora e, desta maneira, ser capaz de sintetizar o que há de essencial por trás de qualquer mecanismo de controle e dominação política.

Por outro lado, o teatro se relaciona com a política porque podemos identificar uma dimensão do espetáculo envolvida nesta. Existiria todo um vocabulário a ser explorado que configuraria esta relação. Para além do palco físico do teatro, existiria o palco da política, em que outros atores desempenhariam seu papel. Em outras palavras, existiria uma verdadeira dimensão teatral por trás do jogo político. Este jogo político pode ser melhor compreendido pela análise dos elementos essenciais que organizam o drama, como os personagens, o cenário, os espectadores e o discurso.

De qualquer maneira, o estudo interdisciplinar entre direito, política e teatro pode ser útil para investigarmos a possibilidade de uma dimensão trágica por trás do poder e da justiça nos contornos iniciais da Era Moderna, como se quer aqui analisar.

Introdução

A literatura é uma defesa contra as injustiças da vida.

Cesare Pavese

Há algo potencialmente trágico na relação entre poder e justiça.

Para se compreender isso, é preciso entender a tragédia para além do gênero dramático-literário, trabalhando a tragédia como forma de pensar, sentir e representar a relação do homem com o mundo no qual está inserido. Pode-se dizer que o trágico é uma concepção antropológica e filosófica que pode ser expressa por meio de diversas formas artísticas, assim como pode ser percebido em outras esferas da existência humana. É possível se encontrar no trágico, inclusive, um valor político e jurídico. Talvez mais do que um valor, a dimensão do trágico possa servir de ponto de fuga para o desenho das relações entre poder e justiça no início da modernidade. Isto porque o fenômeno para ser trágico exige empenho total de valores contra uma resistência poderosa, que é o conflito, característica que está na essência da política e do direito.[1]

---

1 FORTES, Betty Y. B. Borges. "Literatura e Direito na Tragédia Grega". In: SÖNGEN, Clarice Beatriz da Costa; PANDOLFO, Alexandre Costi. *Encontros entre direito e literatura – pensar a arte*. Porto Alegre: EDIPUCRS, 2008, p. 21.

Para investigar essa relação, propõe-se aqui o estudo cruzado de dois autores, Shakespeare e Maquiavel, que, a primeira vista, pouco mostram em comum, mas que, ao nos debruçarmos sobre suas obras, percebemos algumas semelhanças desconcertantes. Isto se dá, sobretudo, porque, como se tentará defender, tanto Shakespeare quanto Maquiavel tinham uma determinada concepção de poder e de justiça que poderíamos chamar de trágica. Com isso quer-se dizer, fundamentalmente, que os dois autores podem ser compreendidos dentro de uma chave de interpretação que analisa suas obras a partir de uma visão trágica de mundo.

Shakespeare, como se sabe, não escreveu apenas tragédias. Foi também um mestre na arte da comédia. Porém, o Shakespeare que interessa para os fins aqui propostos não é o escritor de comédias, mas sim o autor de tragédias. Tradicionalmente, os dramas históricos não ingleses são incluídos no rol das tragédias de Shakespeare. No entanto, para circunscrever melhor nosso objeto de estudo, não nos ocuparemos das dez peças que compõem a chamada obra trágica de Shakespeare.[2] Trabalharemos aqui apenas o que a tradição convencionou chamar de grandes tragédias, a saber: *Hamlet, Otelo, Rei Lear* e *Macbeth*. Esta delimitação busca evitar tratarmos de diversas peças sem nos aprofundarmos em alguma ou nenhuma delas.

Estudar os dramas históricos ingleses de Shakespeare a partir das lutas e sucessões do poder seria uma alternativa interessante, mas nos pareceu que já existem trabalhos suficientemente aprofundados a respeito.[3] Nossa escolha de investigação, assim, não é um estudo comparativo entre as tragédias de Shakespeare e o contexto político da época. Procuraremos, ao subtrair a história política inglesa, verificar como se articula o trágico em sua dimensão política e jurídica no início da modernidade. Decidiu-se, então, por estudar nas grandes tragédias a questão do poder e sua relação com a justiça, comparando, quando isso se mostra possível, as ações dos personagens shakespearianos com o pensamento político de Maquiavel.

Além disso, este estudo procurará demonstrar em que medida o pensamento político de Maquiavel pode ser entendido como trágico. Não se trata, no

---

2   As dez tragédias shakespearianas são, de acordo com a ordem de composição: *Tito Andrônico, Romeu e Julieta, Júlio César, Hamlet, Otelo, Rei Lear, Macbeth, Antônio e Cleópatra, Coriolano* e *Timão de Atenas*.

3   Os trabalhos de Barbara Heliodora, por exemplo.

caso, de uma filosofia política trágica a ponto de estar em descompasso com seu tempo, como em uma mera releitura do pensamento trágico antigo. Maquiavel é, sobretudo, um homem de seu próprio tempo, a dizer, do Renascimento, e expressa um sentimento que é igualmente trágico e moderno. Procuraremos, por meio de uma análise minuciosa de *O Príncipe*, encontrar os elementos que convidam a uma leitura trágica desta obra, que inaugura a política enquanto ciência na Era Moderna.[4]

Nossa hipótese central de trabalho consiste na ideia de que é possível estabelecer relações entre a política e o direito na obra de Shakespeare e de Maquiavel, sobretudo pela característica trágica destas duas obras fundamentais para se entender o período Moderno. Parece-nos, neste caso, que não há outro caminho. Temos duas alternativas, a de Shakespeare e a de Maquiavel, que são igualmente trágicas, ainda que em sentidos diferentes.

O poder estaria dissociado da justiça (perspectiva maquiaveliana) ou o poder estaria determinado pela concepção do justo (perspectiva shakespeariana). No caso de Maquiavel, estaríamos frente à possibilidade eterna de um poder sem justiça, um poder que se baseia na força e na astúcia, um poder que não precisa, obrigatoriamente, ter qualquer compromisso com a ideia de justiça. Um poder que não reconhece o conceito de legitimidade da maneira como a entendemos hodiernamente. É uma alternativa ao mesmo tempo trágica e cínica, como veremos, mas eminentemente prática. No caso de Shakespeare, por outro lado, teríamos uma concepção em que não se pode dissociar poder de justiça. Dois lados da mesma moeda, existiria uma relação de implicação entre os dois conceitos que Shakespeare teria percebido e expressado de forma artística.

Em Shakespeare, a justiça, seja a divina ou a dos homens, depende de uma relação de poder. No caso da justiça divina, o que ocorre é uma adequação ou não aos desígnios do cosmos e a vontade de Deus. Já no caso da justiça dos homens, a questão é outra: quem pode, legitimamente, executar a justiça? Só há justiça se pensarmos nas relações de mando e obediência.

---

4   Não nos aprofundaremos em outros livros de Maquiavel, como, por exemplo, os *Discursos sobre a Primeira Década de Tito Lívio*. Também não nos preocuparemos em analisar a questão republicana ou as circunstâncias biográficas do autor. Nosso objeto de estudo é *O Príncipe*, e uma de nossas hipóteses é a possibilidade de leitura desta obra a partir de uma dimensão trágica.

O poder, por outro lado, também está condicionado à questão da justiça. Só há poder legítimo ali onde a justiça se manifesta. As lutas pelo poder que podemos ler nas peças trágicas de Shakespeare sempre têm, como pano de fundo, o questionamento sobre o caráter legítimo do detentor do poder, que se manifesta, na maioria das vezes, por meio da imagem do governante justo.

A justiça e o poder se reenviam nas tragédias.

Não pode haver poder legítimo onde não haja justiça, mas também não há justiça sem a dimensão do poder. O poder, sem a justiça, é instrumento de arbitrariedades, desmandos e autoritarismo. A justiça, sem o poder, é vazia, não consegue praticar os valores que deseja implementar. Como diz Oscar Wilde: "Só há uma coisa pior que a Injustiça, é a Justiça sem espada na mão. Sem Força, o Direito age a favor do Mal.".[5]

I

Apesar de abordar, fundamentalmente, Shakespeare, um dramaturgo, e Maquiavel, um pensador da política, nosso estudo é um trabalho de filosofia.[6] E se observarmos o recorte dado pelo título deste trabalho, poderíamos dizer, de maneira mais precisa, que é um esforço de composição de uma análise interdisciplinar que tenta conciliar filosofia política, literatura e filosofia do direito. Segundo Dworkin, a política, a arte e o direito estão unidos, de alguma maneira, na filosofia.[7]

Embora não se possa dizer que Shakespeare foi um filósofo propriamente dito, é indiscutível que o autor tratou, artisticamente, de temas filosóficos. Isso a ponto de William Hazlitt, em *Characters of Shakespeare's Plays*, afirmar que Shakespeare "foi tão bom filósofo como foi poeta". Porém, os estudos de crítica literária de Shakespeare tendem a enfocar assuntos relativos à caracterização dos personagens, do enredo, da linguagem, bem como do contexto social e político

---

5 WILDE, Oscar. *Aforismos ou mensagens eternas*. São Paulo: Landy, 2006, p. 45.

6 Maquiavel é um filósofo diferente. Ele tem um pensamento que, em muitos sentidos, pode, inclusive, ser chamado de anti-filosófico, conforme procuraremos mostrar ao longo de nossa tese.

7 "[…] i only report my sense that politics, art, and law are united, somehow, in philosophy." (DWORKIN, Ronald *apud* TRINDADE, André Karam; GUBERT, Roberta Magalhães, *op. cit.*, p. 46.)

em que as peças foram escritas, de modo que as ideias filosóficas subjacentes às obras recebem, em geral, apenas um tratamento secundário, isto quando não são categoricamente ignoradas.[8]

Um dos objetivos deste trabalho é trazer à tona certas concepções filosóficas de Shakespeare implícitas nas suas maiores tragédias. Particularmente, tentaremos demonstrar como o autor tinha uma concepção de justiça trágica e de que maneira ela estava ligada ao problema do poder. A ideia central, neste sentido, é a de que Shakespeare, como outros autores clássicos da literatura universal, tinha uma concepção de justiça e de poder, mas não a expressou de uma maneira teórica, através de ensaios ou tratados, mas por meio da forma artística, no caso, a tragédia.

A questão que se apresenta, neste sentido, é a seguinte: de que maneira a possibilidade de uma dimensão trágica da política e do direito, perceptível nas peças de Shakespeare, é representada, artisticamente, por meio das relações entre poder e justiça ?

De outro lado, temos Maquiavel.

Este notável pensador da política é o responsável, segundo quase a unanimidade dos estudiosos do tema, pela fundação de uma nova ciência na modernidade. Trata-se, como sabemos, da ciência política. Isto ocorre porque Maquiavel encontrará na política um objeto de estudo preciso, diferente das formulações filosóficas políticas até então desenhadas: o poder. Maquiavel estabelece um discurso em seu livro mais famoso, *O Príncipe*, que aponta para uma dimensão trágica do poder. Nesse caso, *a análise se inverte*. Não estamos mais atrás do conteúdo político, filosófico ou jurídico por trás da obra de arte, como em Shakespeare, mas estamos a investigar o modo como *O Príncipe* se formata artisticamente em seu caráter de obra trágica. Em outras palavras, interessa-nos ressaltar o caráter literário dessa obra política para podermos entender melhor como Maquiavel caracteriza, ou talvez seja melhor dizer, expressa, o poder em toda a sua dimensão trágica. Aqui, buscaremos analisar as metáforas, as imagens, o jogo de linguagem, o estilo desse autor florentino singular e polêmico que tanto incomoda quanto encanta quando tece suas considerações sobre o poder.

---

8   MCGINN, Colin. *Shakespeare's Philosophy – discovering the meaning behind the plays*. New York: HarperCollins Publishers, 2006, p. 1.

II

O professor Tercio Sampaio Ferraz Jr., em um livro de entrevistas com filósofos, assim alerta sobre a relação entre razão, comunicação e poder:

> Para mim, ao contrário, talvez a maior parte dos discursos humanos não seja racional. A racionalidade é apenas uma forma possível, entre outras, de enfrentar a situação comunicativa, de enfrentar o jogo entre emissor e receptor, entre orador e ouvinte – um jogo que é, na verdade, um jogo de poder. Se existe aqui algum universal, seria essa relação de poder, que está longe de ser algo racional. Nesse jogo, o conceito não aponta para nenhum fechamento, e não existe um princípio de razão suficiente capaz de explicá-lo.[9]

A afirmação do professor que, de alguma forma, tem um caráter provocativo, quase a pedir por maiores explicações, poderia servir de ponto de partida para escrever um texto sobre nosso interesse em relacionar filosofia política, literatura e filosofia do direito.

De fato, em nosso trabalho, tentaremos mostrar que no início da Era Moderna é possível se enxergar duas posições diferentes sobre o poder. Duas posições antagônicas que, conforme defenderemos, são eminentemente trágicas, mas que tentam, cada uma a sua maneira, expressar esse fenômeno fugidio que é o poder.

De um lado Maquiavel, pensador pragmático que sustenta que o poder é um objetivo a ser perseguido por homens de *virtù*. Para este tipo de pensamento, o exercício do poder não precisa, necessariamente, de justificação. Poder e justiça estão plenamente separados. Tudo se passa como se o poder, por si só, tivesse validade na medida em que tem efetividade.

De outro lado, Shakespeare. Para esse autor o poder precisa ser justificado. Melhor: o poder tem algo a ver com a justiça. O campo de ação do poder é delimitado pelo justo. Em suas peças, a injustiça exercida por homens que detêm o poder nos agride e aponta para a dimensão trágica em que a verdadeira ordem

---

9   NOBRE, Marcos; REGO, José Marcio. *Conversas com filósofos brasileiros*. São Paulo: Editora 34, 2000, p. 284.

das coisas deve ser restabelecida, mesmo que isso signifique, como sempre, aliás, o sacrifício do personagem trágico principal.

Nossa tese pretende, a partir de um estudo de perspectiva interdisciplinar, esclarecer como nos contornos iniciais da modernidade, o poder foi pensado como algo eminentemente irracional (perspectiva maquiaveliana) ou como algo que depende de um princípio organizador que o transcende (perspectiva shakespeariana).

A filosofia do direito será, em nosso trabalho, a mediadora das relações entre os textos dos dois autores, ou seja, procurará organizar e estabelecer relações entre as discussões de caráter literário e as de caráter político.

Mas é preciso situar melhor a afirmação de que nosso trabalho é um estudo de filosofia.

A leitura de um texto de filosofia não é garantia de pensar filosoficamente. De fato, é possível se ler filosofia sem filosofar, assim como é possível se ler textos de outras naturezas filosofando. Não são os textos que lemos que nos transformam em filósofos, mas sim a nossa disposição para pensar de maneira diferente aquilo que sempre se pensou de maneira igual. Talvez seja isso que Wittgenstein queria dizer quando afirmava que a filosofia não é uma *doutrina*, mas uma *atividade*.

Mas, então, o que seria uma leitura filosófica nos moldes em que nos propusemos? Como ler Shakespeare e Maquiavel a partir de uma perspectiva filosófica?

Talvez seja difícil responder a essa pergunta de maneira direta. A verdade é que os filósofos constroem, cada um a seu modo, sua forma e método de aproximação dos textos. No entanto, podemos dizer, com certa segurança, que a leitura filosófica é sempre aquela que desconfia do texto. Aquela que procura significados ocultos nas entrelinhas de um pensamento que se formalizou em texto. Essa desconfiança deve levar o intérprete a analisar as metáforas, o estilo, os pressupostos, o movimento e cadência com que o texto evolui. Assim, para além de uma suposta literalidade, plenamente impossível, a leitura filosófica desvela sentidos escondidos, desmascara posturas às vezes inconfessáveis e, ao mesmo tempo, reconstrói imagens e formula hipóteses. Através do questionamento, atividade racional por excelência, a leitura filosófica busca a formação de significados.

Se levarmos a sério o que vem a ser a filosofia para Deleuze e Guattari, por exemplo, veremos que a filosofia é "a arte de formar, de inventar, de fabricar conceitos".[10] O que está por detrás de nosso estudo é, no limite, uma percepção profunda de que a arte também produz conceitos. Aproximando assim arte de filosofia o que vemos é que, na formulação de conceitos, o que está em jogo é a mais pura produção de estruturas do pensamento que são responsáveis por nossas formas de pensar, sentir e viver.

Assim, quando nos propomos a revelar uma dimensão trágica do poder e da justiça em Shakespeare e Maquiavel estamos, antes de tudo, concebendo a arte como possibilidade de invenção de conceitos e, desta maneira, sugerindo que ela possa servir como porta de entrada privilegiada para uma reflexão de caráter filosófico. Vale dizer, a arte de Shakespeare é tão política quanto a escrita de Maquiavel. E, talvez, a obra política de Maquiavel seja tão artística quanto a de Shakespeare. Os dois autores confluem no fato de poderem proporcionar significados para as palavras *poder* e *justiça*.

Dessa maneira, traçamos uma estratégia de leitura desses autores e uma correspondente forma de composição de nosso texto.

Nossa estratégia de leitura e composição do texto será, ao contrário do que se imaginaria, então, a *de ler Shakespeare como um filósofo e Maquiavel como um autor de textos literários*. Ou seja, trata-se de buscar o caráter filosófico por detrás das grandes tragédias de Shakespeare, ao mesmo tempo em que se busca o caráter estético por trás do pensamento filosófico-político de Maquiavel. Claro que não perderemos de vista, nesse percurso, o valor artístico da obra do bardo inglês, nem o impacto político do pensamento do florentino, mas a inversão da leitura que propomos como método de trabalho filosófico para nos aproximarmos dos textos de ambos parece ser imprescindível para discutir a hipótese central que tentaremos defender ao longo da tese. A composição de nosso texto obedecerá ao ritmo das idas e vindas entre política e arte, intercalando o pensamento de Shakespeare e Maquiavel e demonstrando, assim, o caráter trágico dessas duas formas de pensar antagônicas e, às vezes, semelhantes.

Quando Shakespeare morreu, um de seus contemporâneos mais famosos, Ben Jonson, escreveu um poema intitulado "To the Memory of my Beloved, the Author, Master William Shakespeare, and what he hath left us". Este poema cons-

---

10   DELEUZE, Gilles; GUATTARI, Félix. *O que é a filosofia*. 2ª ed. São Paulo: Editora 34, 2004, p. 10.

tava do prefácio da edição do Primeiro Fólio das obras do bardo de 1623.[11] Nele encontramos o seguinte verso sobre Shakespeare: "Ele não era de uma época, mas de todos os tempos".[12] A citação aponta para uma característica interessante nas obras do autor: elas sobrevivem ao tempo. As pessoas ainda leem Shakespeare e ainda temos montagens de suas peças. Isso no mundo inteiro. Não há nenhum exagero em dizer que nosso autor se transformou em um gênio universal. De alguma forma os trabalhos deste homem, que escreveu em um momento particular da história, a partir de uma cultura particular, sobre temas específicos, se transformaram em obras universais.[13]

Por seu turno, Maquiavel também ficou conhecido por suas ideias. Mas, claro, por suas ideias políticas não tão convencionais. Em geral, quando falamos desse escritor, logo o senso comum o associa a palavras como falsidade, astúcia, cálculo e perfídia. De fato, apesar dos especialistas apontarem outras dimensões políticas importantes do pensamento maquiaveliano, essas palavras, de alguma maneira se ligaram à imagem do autor, de modo a ser contraprodutivo pensar Maquiavel de maneira separada da própria história da recepção de seus conceitos.[14] A verdade é que suas ideias causaram um impacto tão grande no pensamento político ocidental que a maioria dos países incorporou um adjetivo em seus dicionários para caracterizar certas condutas humanas: *maquiavélico*.[15] E não há pensador da política que não tenha, em algum momento, que lidar com a perspectiva maquiaveliana.

Em outras palavras, tanto Shakespeare quanto Maquiavel se transformaram em clássicos.

O clássico é aquela obra que, apesar de ter sido produzida em um determinado momento histórico preciso, ainda se revela particularmente importante

---

11   WELLS, Stanley. *Oxford dictionary of Shakespeare*. Oxford: Oxford University Press, 1998, p. 88.
12   "He was not of an age, but for all time!".
13   MANGAN, Michael. *A preface to Shakespeare's tragedies*. London: Longman, 1991, p. 1.
14   É comum, hoje, a tentativa de se formalizar uma interpretação do *verdadeiro* Maquiavel. Acreditamos, como mostraremos em momento oportuno, que tal empreitada é redutora da multiplicidade de sentidos que sua obra pode propor.
15   Poucos são os autores que têm o privilégio de virar verbete de dicionário. Em todo caso, a expressão *maquiavélico* é *negativa* em todos os dicionários da tradição ocidental.

para a compreensão de nosso próprio tempo.¹⁶ Ítalo Calvino, em uma de suas definições de clássico, assim dispõe: "Um clássico é um livro que nunca terminou de dizer aquilo que tinha para dizer."¹⁷ Ou seja, de alguma forma, os clássicos ainda respondem aos problemas mais atuais da existência humana.

Claro que cada período histórico, cada cultura específica, teve o seu Shakespeare e o seu Maquiavel. A audiência de Shakespeare pelos elisabetanos certamente foi diferente da leitura deste autor feita durante o século XIX e, certamente, é diferente da leitura feita por nós no início do século XXI. Mas é justamente o fato de permitir as mais variadas interpretações – e esta é uma das características principais dos clássicos – que faz destes autores, de uma maneira surpreendente e paradoxal, nossos contemporâneos.

Estudar esses autores em conjunto, assim, devido a esse caráter universal, é fazer uma aposta. A de que obras escritas há mais de quatro séculos, ainda possam ser úteis para compreender nossa própria realidade social.

Discutir o fenômeno da justiça ou mesmo o do poder não é novidade em nenhum departamento de Filosofia no Brasil. A novidade, no caso, é se preocupar com uma concepção destes fenômenos que, como no caso de Shakespeare, não seja estruturada cientificamente, mas apareça de maneira imagética e espontânea no campo da estética, mais exatamente, na obra de arte literária.¹⁸ No caso de Maquiavel, o interesse seria outro. Consistiria justamente em analisar de que modo o poder é pensado de maneira desvinculada da justiça ali, no início da Era Moderna ou, mais precisamente, na fundação de um pensamento político de caráter científico. Além disso, as diversas relações que pretendemos estabelecer entre o pensamento de Maquiavel e a arte de Shakespeare, no caso, o caráter trágico que conduz a obra destes autores e que, por vezes, os distingue e ao mesmo tempo

---

16 Sobre a atualidade de Shakespeare, Sisson: "In his plays he reflects his own thought, and the life and the thought of his own time, and in so doing presents dramatic pictures of problems of life that are significant to all ages of mankind. By virtue of his deep humanity and creative imaginativeness Shakespeare is both 'of an age' and "for all time." (SISSON, C. J. *Shakespeare's Tragic Justice*. London: Methuen & CO. LTD, 1964, p. VI.)

17 CALVINO, Ítalo. *Por que ler os clássicos*. São Paulo: Companhia das Letras, 2007, p. 11.

18 "O Direito deve mais ao *Mercador de Veneza* do que a todos os compêndios jurídicos escritos até o século XIX." (KOLLER, Joseph Apud: SILVA, Teófilo. *A paixão segundo Shakespeare*. Brasília: W edições, 2010, p. 233.).

os irmana, parecem-nos propiciar uma boa oportunidade para refletir sobre a hipótese de maior relevo de nossa tese, a saber: a possibilidade de uma leitura trágica da relação entre poder e justiça nos contornos iniciais da modernidade. Ou, como poderíamos também dizer, entre o núcleo central do campo da política e do direito.

Acreditamos que a tentativa de se fazer um estudo da relação tensa, difícil e necessária entre poder e justiça, a partir da filosofia política, da literatura e da filosofia do direito possa ser uma alternativa original, sobretudo devido à perspectiva interdisciplinar que nos propusemos a realizar. Uma reflexão filosófica em que a teoria literária e as ciências sociais são postas em diálogo para o desenvolvimento de uma teoria da justiça.

III

Dividimos nosso livro em três partes.

Na primeira parte, intitulada *A Perspectiva Trágica*, tentaremos destacar a tragédia como uma forma de se pensar, sentir e representar o mundo. É nessa seção que discutiremos as particularidades da tragédia clássica grega, principalmente no que diz respeito à necessidade e à contingência na ordem da relação entre os homens e o mundo, e posteriormente a compararemos com as especificidades da tragédia shakespeariana. É nesse espaço, também, que defenderemos uma das principais teses de nosso trabalho: a possibilidade de compreensão d' *O Príncipe* de Maquiavel como obra trágica.

Dividimos esta primeira seção em três capítulos, a saber: 1.1 A tragédia clássica; 1.2 A tragédia shakespeariana e 1.3 A tragédia maquiaveliana.

Na segunda parte, intitulada *Filosofia Política, Literatura e Justiça Trágica*, discutiremos a relação entre poder e justiça nas obras de Maquiavel e Shakespeare a partir de uma perspectiva de caráter trágico. Faremos, no capítulo inicial desta segunda parte, um exercício de leitura. Mostraremos como é possível se ler as grandes tragédias de Shakespeare a partir de conceitos e temas muito próprios de Maquiavel.

Analisaremos, também nessa seção, dois tópicos essenciais para a compreensão da relação poder / justiça a partir de uma chave de interpretação trágica: a questão da Ordem *vs*. Desordem e a questão do Público *vs*. Privado. Duas questões centrais para a discussão da temática do poder e sua imbricação com a justiça na perspectiva trágica.

É nessa seção que buscamos fazer a leitura cruzada entre Shakespeare e Maquiavel, ou seja, sustentar as aproximações e distanciamentos entre as obras destes autores e de que maneira essa leitura pode ser útil para esclarecer a ligação entre política e direito.

Dividimos esta segunda seção em cinco capítulos: 2.1 Lendo Shakespeare a partir de Maquiavel; 2.2 Poder e justiça em Maquiavel; 2.3 Poder e justiça em Shakespeare; 2.4 Ordem e desordem em Shakespeare e Maquiavel e 2.5 O público e o privado em Shakespeare e Maquiavel.

Na terceira parte de nosso estudo, *O Homem Trágico*, investigaremos a dimensão trágica a partir do sujeito. Para isso, nos valeremos da ambivalência da ideia de ator: ator-político e ator-personagem. Através de uma inversão de leitura e interpretação, analisaremos o príncipe maquiaveliano como um personagem do tipo trágico e os personagens principais das tragédias shakespearianas como príncipes, ou seja, como homens públicos detentores de poder. A questão é de relevo se pensarmos, como Kierkegaard, que a distinção entre a tragédia grega e a moderna é que a primeira diz respeito a ação, enquanto a segunda, ao personagem.[19]

Dividimos esta terceira seção em dois capítulos, a saber: 3.1 O príncipe como personagem trágico em Maquiavel e 3.2 O personagem trágico como príncipe em Shakespeare.

Ao fim do trabalho, dispomos nossas conclusões sob o título *Considerações finais*.

---

19   MORA, Ferrater. *Dicionário de Filosofia (4 vols.)*. 2ª ed. São Paulo: Edições Loyola, 2004, Tomo IV, p. 2910, verbete "Tragédia".

A perspectiva trágica

A tragédia clássica

Um mortal, destinado pela fatalidade a ser um criminoso, lutando contra a fatalidade e no entanto terrivelmente castigado pelo crime que foi obra do destino!

Schelling

Um homem que foge de si mesmo. A tragédia não nos dá escolha. Trata-se de situação inusitada: condenados de antemão, lutamos contra um destino que nos é determinado, mas que, apesar disso, somos os responsáveis por ele. A contradição é evidente. E é esta contradição que funda o trágico. Ali, no espaço em que a liberdade humana se configura, o trágico corresponde à percepção de que somos culpados por um destino que já estava escrito antes de nós mesmos.[1]

São as escolhas que fazemos que nos colocam na ordem de um roteiro pré-determinado. O problema é que fazemos sempre as escolhas erradas. Talvez, sempre as mesmas escolhas.

---

1 "Foi uma grande ideia admitir que o homem consente em aceitar um castigo mesmo por um crime *inevitável*, a fim de manifestar assim sua liberdade para a própria perda da liberdade e de soçobrar por uma declaração de direitos da vontade livre" (SCHELLING *apud* PAVIS, Patrice. *Dicionário de Teatro*. 3ª ed. São Paulo: Perspectiva, 2008, p. 417, verbete "Trágico").

Curiosa esta inversão entre *querer* e *poder* que dá origem ao trágico. Em lugar de pensarmos *eu quero*, porque *eu posso*, o que nos levaria a certa logicidade na ordem de nossas vontades e ações; o pensamento trágico nos dá outra alternativa: eu *posso*, porque, no fundo, *eu quero*. Tudo se passa como se nossos desejos mais inconfessáveis nos pregassem uma peça. Afinal, falando a verdade, "não era isso mesmo que queríamos desde o princípio?". A tragédia mostra, nesse caso, uma nova faceta. Somos culpados, e isso é indubitável, mas somos culpados de sermos nós mesmos.² E é somente a partir daí que podemos perguntar: qual é a dimensão efetiva de liberdade que a tragédia nos proporciona?

Tomemos um exemplo de *Macbeth*:

LADY MACBETH

[...] Tens tanto medo
De seres, com teus atos e coragem,
Igual aos teus desejos? Queres ter
O que julgas da vida o ornamento,
Ou viveres como um covarde aos próprios olhos,
Deixando o "quero" curvar-se ao "não ouso",
Como um gato pescando?
(*Macbeth* – I.vii.41-47)³

A tragédia põe em circulação o desejo ao mesmo tempo em que nega este desejo. "Como um gato pescando", somos fisgados por nossas próprias vontades. O trágico reside justamente no conflito entre essa vontade e a possibilidade de encontrar satisfação para essa vontade. Talvez o que esteja em jogo seja justamente

---

2   "É necessário que nasçamos culpados – ou Deus seria injusto." (PASCAL, Blaise. Disponível em: <http://www.frases.mensagens.nom.br/frases-autor-b2-blaisepascal.html> Acesso em: 27/12/2011.)

3   "LADY MACBETH
    [...] Art thou afeard
    To be the same in thine own act and valour,
    As thou art in desire? Would'st thou have that
    Which thou esteem'st the ornament of life,
    And live a coward in thine own esteem,
    Letting 'I dare not' wait upon 'I would,'
    Like the poor cat i'th'adage?" (*Macbeth* – I.vii.39-45).

o confronto entre o que se é, representado pelo que se quer, e o que a vida social permite que se seja.

Para os gregos antigos, como aponta Jaeger em sua *Paidéia*, a questão da tragédia como uma expressão de cultura ultrapassava a dimensão do artístico. Religião, filosofia, direito, política e arte formavam uma unidade indivisível. A forma tragédia aparece como um substituto capaz de devolver à poesia grega antiga a capacidade de abarcar a unidade de todo humano.[4] A tragédia, mais que elemento de expressão artística, se mostra, assim, elemento formativo do caráter dos homens. E, sendo assim, por que não dizermos: a tragédia põe em jogo a capacidade de buscarmos nossa própria identidade.

Pois não é isso mesmo o que ocorre com Édipo? Esse primeiro detetive da história, esse homem que vai investigar um crime indizível, o do assassinato do próprio pai, e que vai encontrar a culpa dentro de si mesmo. Culpado de ser quem efetivamente se é.[5]

Na contradição ou no conflito, que é componente essencial da tragédia, esta oposição entre o homem, representado por sua vontade, e o destino, vontade dos deuses, inaugura mais que um modelo, uma forma artística, mas sim todo um modo de pensar, todo um modo de sentir, um modo de representar o mundo.[6]

Os alemães souberam muito bem o que isso poderia significar. Inauguraram uma filosofia do trágico, para além da tragédia grega como gênero

---

4   JAEGER, Werner. *Paidéia – A formação do homem grego*. 4ª ed. São Paulo: Martins Fontes, 2001, p. 287.

5   "E jamais eu seria assassino
    de meu pai e não desposaria
    a mulher que me pôs neste mundo.
    Mas os deuses desprezam-me agora
    por ser filho de seres impuros
    e porque fecundei – miserável! –
    as entranhas de onde saí!
    Se há desgraça pior que a desgraça,
    ela veio atingir-me, a mim, Édipo!" (SÓFOCLES. "Édipo Rei". In: *A trilogia tebana*. 8ª ed. Rio de Janeiro: Jorge Zahar editor, 1998, p. 89.).

6   "Todo o trágico baseia-se em uma oposição irreconciliável. Assim que surge ou se torna possível uma reconciliação, desaparece o trágico." (GOETHE, Johann Wolfgang Von *apud* SZONDI, Peter. *Ensaio sobre o trágico*. Rio de Janeiro: Jorge Zahar editor, 2004, p. 48.).

teatral propriamente dito. Pensaram a questão do trágico, suas ideias e determinações, seu sentido.

Nietzsche, por exemplo, vai se considerar um filósofo trágico. Curiosamente, o mesmo autor que se autoproclama o primeiro niilista de verdade da história, um dos primeiros autores assumidamente irracionalista... Não se sustenta um pensamento trágico a partir da racionalidade tradicional. Porém, a tragédia, apesar disso, era de ordem formativa, tinha um caráter pedagógico no universo grego antigo.

Aristóteles, filósofo e talvez o primeiro crítico literário de que se tem notícia, definia a tragédia nos seguintes termos:

> É pois a tragédia imitação de uma ação de caráter elevado, completa e de certa extensão, em linguagem ornamentada e com as várias espécies de ornamentos distribuídas pelas diversas partes [do drama], [imitação que se efetua] não por narrativa, mas mediante atores, e que, suscitando o terror e a piedade, tem por efeito a purificação (*kátharsis*) dessas emoções.[7]

A purificação das emoções, a *kátharsis*, como não poderia deixar de ser, tem um caráter pedagógico. Aprendemos com as ações de homens superiores que, por alguma falha ou erro próprio, acabam tomando atitudes que, devido à fortuna, levam a um final desastroso. A tragédia somente se dá se o herói-trágico não puder, de forma alguma, desculpar-se pelo seu próprio erro, alegando que suas ações não corresponderam às suas intenções.[8] Como vimos, no limite, nossas ações, se pensarmos a partir de uma lógica trágica, *são* as nossas intenções...

Qual o estatuto do erro, então, na perspectiva trágica?

O erro é uma má escolha, uma opção que não deveria ter sido trilhada, mas que, invariavelmente era a única alternativa. Tudo se passa como se pudéssemos escolher entre várias ações, mas recaíssemos sempre nas mesmas escolhas erradas. É, sobretudo, o engano cometido por um homem que, se cai no infortúnio, isso ocorre não porque seja vil ou malvado, mas porque escolheu mal e, ao cometer esse erro, por ser homem que goza de grande reputação, um homem

---

7   ARISTÓTELES. *Poética*. São Paulo: Abril Cultural, 1973, p. 447.

8   GUMBRECHT, Hans Ulrich. "Os lugares da tragédia". In: ROSENFIELD, Denis L. (org.). *Filosofia e Literatura: o trágico*. Rio de Janeiro: Jorge Zahar editor, 2001, p. 11.

elevado, tem uma queda que nos causa, ao mesmo tempo, terror e piedade.[9] Os gregos chamavam de *hamartia* as ações do herói que conduzem a essa perda.

Assim, o personagem trágico jamais pode se desculpar pelo seu erro. Se assim fosse, ele apareceria como uma vítima inocente dos desígnios divinos. Mas não é assim, se ele cai por desígnios divinos é porque é malquisto pelos deuses, e esse malquistar dos deuses infalíveis é a prova de sua culpa a priori, de seu mau destino. Esse herói trágico não pode se esquivar de sua vontade própria e, por isso, de seu destino. E, para essa personagem existe sempre no horizonte a dimensão da morte como forma de punição pelo descumprimento de alguma lei. Não há tragédia, no sentido tradicional, sem a presença ameaçadora da morte.[10] Os gregos antigos, ao admirarem a tragédia, ao mesmo tempo, cultuavam um fascínio pela morte enquanto espetáculo.[11]

A tragédia como um gênero literário nasceu em Atenas, no começo do século V a.C. Os dramas eram representados durante as festas dedicadas ao culto de Dioniso. A palavra *tragédia* refere-se, de acordo com os estudiosos, ao grito do bode, quando sacrificado a este Deus. A tragédia clássica se apoia na temática da lenda, do mito ou da história. Esta forma dramática está profundamente inserida no panorama político e social de uma Atenas democrática, no contexto do século V a.C. ateniense. De fato, além da pedagogia inerente ao formato, a tragédia significava na Grécia antiga uma experiência cívica. Nesta forma de manifestação artística, trata-se de dar conta, pelos cidadãos, das festividades e outros rituais que caracterizavam a vida pública na *pólis* ateniense.[12]

Existe, assim, uma conexão essencial entre a forma tragédia e a experiência da democracia na Atenas antiga. De alguma maneira, o trágico, apesar de colocar em jogo nosso destino, aparece como possibilidade de liberdade de ação ao meio das contingências da vida. A tragédia já nasce como uma forma artística politizada. Ela só é possível no contexto de uma cidadania, em uma lógica em que

---

9   ARISTÓTELES, *op. cit.*, p. 454.
10 GUMBRECHT, *op. cit.*, p. 11.
11 *Ibidem*, p. 17.
12 PINTO, Cristiano Otávio Paixão Araújo. "O teatro e a história do direito: a experiência da tragédia grega". In: TRINDADE, André Karam; GUBERT, Roberta Magalhães; NETO, Alfredo Copetti (orgs.). *Direito e literatura – reflexões teóricas*. Porto Alegre: Editora Livraria do Advogado, 2008, p. 69-89.

homens livres possam exteriorizar sua liberdade e autonomia. Pois é justamente neste ponto que se situa o trágico: existe uma tensão entre a vontade dos homens e a vontade dos deuses. É um conflito fundador da forma e, além disso, de toda uma mentalidade.

Ocorre que a tragédia, após um resurgimento no período clássico romano, renasceu no período Moderno, na Europa, especialmente na Inglaterra, entre os anos 1580 a 1630, tendo William Shakespeare como principal expoente.

A questão que intriga, quando nos debruçamos sobre o desenvolvimento do trágico nestes dois períodos, é tentar identificar quais são as semelhanças existentes entre as obras de Ésquilo, Sófocles, Eurípides e Shakespeare. O que unifica estes autores, tão distantes historicamente, a ponto de classificarmos suas obras pelo mesmo nome de tragédias. O que significa, ao mesmo tempo, procurar as diferenças e particularidades da tragédia shakespeariana, nosso objeto de estudo, em sua relação com os antecessores gregos antigos.[13]

Hans Ulrich Gumbrecht, tentando responder a esta questão, assinala que a tragédia floresceu no século XVII inglês porque existiam características semelhantes entre este período e a Era clássica grega. Tratavam-se de dois períodos de "máximo equilíbrio na transição entre uma visão objetiva de mundo (cristão), que se conservava viva por meio de poderosas instituições, e, por outro lado, uma cultura já bastante desenvolvida da subjetividade".[14]

Apostamos, no entanto, que a semelhança essencial entre estes dois períodos históricos de desenvolvimento da tragédia repousa em uma relação do homem com o mundo, pautada pela lógica de uma justiça de caráter universal. Em outras palavras, é na ideia de justiça que podemos unificar o sentimento trágico como nos é passado pelos tragediógrafos gregos e por Shakespeare.

De fato, a justiça, a lei e o direito estão, por assim dizer, na essência do que entendemos como trágico. A tragédia não é uma disputa entre *bem e mal* como os moralistas podem supor, mas uma disputa entre *direito e direito*. É uma disputa entre ordens igualmente válidas que não podem ser conciliadas, o que leva a questão para a ordem do conflito. Nesse aspecto, a tragédia grega antiga se parece com a tragédia shakespeariana.

---

13   As particularidades da tragédia shakespeariana serão objeto de análise em capítulo posterior.
14   GUMBRECHT, *op. cit.*, p. 13.

Além disso, segundo Catherine Darbo-Peschanski:

> A estabilidade que constitui a ordem do mundo chama-se também justiça ou justo (*Diké, diké, díkaion*). Mas não se trata absolutamente, no caso, de uma partilha estritamente igualitária ou proporcional dos bens, dos poderes e das condições. É antes um estado de equilíbrio no qual cada um e cada coisa ocupam um lugar determinado: o justo, a justiça consistem em manter esse lugar, qualquer que seja.[15]

Se for verdade que Shakespeare não vai entender por justiça trágica exatamente o mesmo que os gregos antigos, por outro lado parece persistir esta percepção de que o justo é uma certa ordem, um certo equilíbrio em que cada coisa está em seu devido lugar. Hegel destaca que a ordem moral do mundo, ameaçada pela intervenção do herói trágico, é prontamente restabelecida pela justiça eterna quando o herói sucumbe.[16] A morte do herói trágico é justamente o que reconcilia a ordem dos acontecimentos com uma lógica superior do cosmos.

Na tragédia clássica grega, segundo Nicole Louraux:

> [...] a ação trágica é um jogo mortal e muitas vezes um jogo de assassínio, várias lógicas conspiram para fundar a lei trágica em virtude da qual quem agiu padece: a lei divina quer que todo desequilíbrio acarrete compensação; a lei do sangue, que o assassino pague seu ato com sua vida; a lei positiva, encarnada nos procedimentos judiciários, que o agente seja submetido a uma pena; e a lógica heroica, que as reviravoltas da força aniquilem o forte. Se a tragédia é a lei da coincidência de todas essas leis, é que, ao revestir – exigência da encenação – a forma de uma ação (*drama*) – e Aristóteles, na *Poética*, passa a designar as personagens trágicas como *hoi drôntes*, os agentes –, ela dá a entender que o padecer é sentido autêntico do agir.[17]

---

15 DARBO-PESCHANSKI, Catherine. "Humanidade e justiça na historiografia grega, V-I a.C.". In: NOVAES, Adauto (org.). *Ética*. São Paulo: Companhia das Letras, 1992, p. 38.

16 PAVIS, Patrice, *op. cit.*, p. 417.

17 LORAUX, Nicole. "A tragédia grega e o humano". In: NOVAES, Adauto (org.). *Ética*. São Paulo: Companhia das Letras, 1992, p. 27-28.

Em Shakespeare, o excesso, o que os gregos chamavam *hybris*, seja devido à ambição (*Macbeth*), ao ciúme (*Otelo*), à ira (*Rei Lear*), ou à vingança (*Hamlet*) conduzirá o herói a seu destino trágico, que será justo dentro de uma perspectiva em que a ordem, e, no caso das grandes tragédias, a harmonia do Estado seja restabelecida. O equilíbrio rompido pelo personagem principal, que por meio de seus atos estabeleceu uma forma de desordem na ordem do roteiro da peça e, portanto, na ordem do Estado, é encarado como uma forma de injustiça que precisa ser sanada até o fim do 5º ato. Não é por outro motivo que, ao fim das grandes tragédias de Shakespeare, o poder sempre é entregue a algum personagem que não tem sequer a metade do interesse dos personagens heróis-trágicos, mas que será capaz de restabelecer a ordem e, assim, propiciar a justiça.

É claro que a questão da ordem leva necessariamente à questão do poder. Nesse sentido, tentaremos mostrar como existe um tipo de pensamento trágico e de como esse tipo de pensamento pode ser útil para se compreender o poder e a justiça, ou melhor, como o poder, em uma perspectiva trágica shakespeariana, tem que dar conta da ideia de justiça.

A tragédia shakespeariana

> *[...] todo herói trágico é inocente: ele se torna culpado para salvar a Deus.*
>
> *Barthes*

Quando uma bandeira negra[1] era hasteada no Teatro Globe acompanhada do som de uma trombeta, perto das duas horas da tarde, os cidadãos da Londres elisabetana ficavam excitados porque sabiam muito bem o que aquilo significava: Shakespeare iria apresentar mais uma tragédia.

O público inglês, treinado em espetáculos, era perfeitamente capaz de diferenciar uma tragédia de uma comédia ou de um drama histórico. É claro, no entanto, que este público compreendia a tragédia como um enredo cheio de sangue e trovão que acabava com uma pilha de corpos. Porém, mesmo assim, o sentido do trágico era algo que podia ser acessado pelo público, algo que, talvez, esteja morto para o nosso tempo. Mas, até que ponto podemos dizer que a tragédia shakespeariana corresponde efetivamente ao gênero dramático-literário a que, tradicionalmente, damos o nome de tragédia?

---

1 Dependendo da cor da bandeira hasteada no teatro Globe poderia se saber qual o gênero de peça que seria desempenhada. A bandeira negra significava que a sessão trataria de uma tragédia, a bandeira branca, uma comédia, e a bandeira vermelha, um drama histórico.

Se partirmos da definição de Aristóteles, fica um pouco difícil classificar as grandes tragédias shakespearianas como tragédias propriamente ditas. O que nos parece ser razoável é supor que a definição de Aristóteles não pode valer mais ao tempo de Shakespeare. Afinal, trata-se de uma obra escrita mais de dois mil anos após a definição aristotélica. Os escritos de Aristóteles sobre a tragédia são válidos para as peças de seu próprio tempo e, muito provavelmente, eram ignorados pela maioria dos dramaturgos elisabetanos. Há consenso entre os críticos literários de Shakespeare de que este autor nunca leu a obra de Aristóteles.

Talvez seja correto dizer que Shakespeare não tinha, propriamente, uma teoria sobre o gênero de poesia ao qual intitulamos tragédia. A tragédia era mais um termo que causava forte impressão do que um termo, propriamente, preciso.[2] Tal percepção é reforçada pela constatação de que Shakespeare raramente se repetia. Tragédia de vingança, tragédia de usurpação, tragédia de moralidade, em qualquer dos casos o dramaturgo sempre inventava e reinventava dramas originais.

De qualquer modo, nossa concepção de tragédia, atualmente, está tão ligada às obras de Shakespeare, que é quase impossível explorar o que pensamos ser este gênero sem uma referência direta às peças deste autor.[3] Assim, os argumentos sobre a definição de tragédia, após Shakespeare, têm de ser necessariamente revistos.

Existem, no entanto, certas constantes que podem ser identificadas nas tragédias de Shakespeare. Analisaremos algumas destas constantes com a intenção de demonstrar características essenciais da tragédia shakespeariana. Talvez já fosse suficiente, ainda que corrêssemos o risco de cair na circularidade do argumento, ou ter o argumento tomado como *Petitio principii*, dizer que o elemento principal das tragédias shakespearianas seja justamente a inesgotável capacidade de elaboração de linguagem do próprio autor. As grandes tragédias de Shakespeare têm a marca do gênio. E não é suficiente dizer que Shakespeare influenciou toda a literatura ocidental. Mais que isso, Shakespeare tem nos servido de parâmetro para julgar o real alcance e força de muitos dos escritos que designamos *literatura*. Isto porque é um exemplo do que o homem pode produzir de melhor. Para não cairmos na obviedade do argumento apresentado, escolheu-se analisar quatro as-

---

2   KIERNAN, Victor. *Eight tragedies of Shakespeare*. London: Verso, 1996, p. 30.

3   DILLON, Janette. *The Cambridge Introduction to Shakespeare's Tragedies*. Cambridge: Cambridge University Press, 2007, p. 3.

pectos que nos parecem configurar as semelhanças entre as grandes tragédias do dramaturgo.

Em primeiro lugar, analisaremos a estrutura formal da tragédia shakespeariana, ou seja, a maneira pela qual o autor arquiteta o enredo. Em segundo lugar, o modo como o poeta lida com a relação entre conhecimento e sofrimento, relação fundante das tragédias clássicas. Em terceiro lugar, a maneira peculiar através do qual o autor caracteriza o conflito. E, por último, como este conflito se insere em um modo de estruturar o drama que denuncia o próprio momento histórico em que Shakespeare escreveu.

I

Podemos, de maneira didática, esquematizar a tragédia shakespeariana em três partes. No 1º ato, temos a *exposição*, momento em que o dramaturgo apresenta a situação em que a peça irá se desenrolar. No 2º, 3º e 4º atos temos o *conflito*, ou seja, o próprio desenvolvimento da história, com um momento culminante que chamaremos de *crise*. O 5º ato é o momento da conversão do conflito em *catástrofe*.

A exposição é basicamente a apresentação dos personagens, com informações gerais para a compreensão da peça, como o lugar e tempo em que a história se passa. Aqui o herói é apresentado ao público.

O segundo momento de uma tragédia shakespeariana corresponde ao conflito, quando cenas de alta tensão são intermediadas por cenas mais amenas. O efeito que essa técnica exerce no público é de sumo interesse. Conforme explica Bradley: "[...] o resultado desse movimento de oscilação é uma constante alternância entre esperança e medo, ou melhor, entre um estado misto no qual predomina a esperança e um estado misto em que predomina a apreensão".[4]

Bradley, esquematicamente, divide a tragédia em cinco partes: (1) Uma situação que ainda não é de conflito segue para (2) o surgimento e desenvolvimento do conflito, no qual, no todo, A ou B avança até chegar à (3) crise, à qual se segue (4) o declínio de A ou B na direção da (5) catástrofe.

Segundo este intérprete, Shakespeare não surpreende com suas catástrofes, pois elas são pressentidas. Percebidas como inevitáveis, elas acabam ocorrendo, mas não de uma maneira que possa ser antevista pelo espectador. Às vezes, ocor-

---

4   BRADLEY, A. C. *A tragédia shakespeariana*. São Paulo: Martins Fontes, 2009, p. 36.

re-nos uma pequena esperança, talvez porque amamos o herói, de que as coisas não terminem tão mal. Mas, isso não passa de um lampejo de falsa esperança, pois esses heróis não encontrarão a salvação terrena.⁵

Bradley, então, pode fazer o seu balanço sobre o alcance e poder da tragédia shakespeariana:

> Resulta daí o que talvez seja a maior dificuldade na interpretação de sua obra. Nos trechos em que seu potencial ou arte é exercido na plenitude, é verdade que rivaliza com a própria natureza. Impõe uma ordem e uma vitalidade à matéria de que se ocupa, desde o bojo até a mais tênue filigrana da superfície, de tal modo que, ao fazermos incidir sobre ela a luz mais percuciente que nos é dado alcançar, ao a dissecarmos e submetermos à devassa de um microscópio, mesmo assim não surpreendemos ali nada desproporcionado, nada vulgar, nada vago, mas em toda parte estrutura, alma, individualidade.⁶

Assim, a forma tragédia é capaz de mostrar o poeta no seu melhor, tanto como homem quanto como escritor. Isso somente é possível para grandes autores em grandes eras.⁷

II

Um homem pode o que sabe.

Thomas Carlyle

Ésquilo formulou o adágio *páthei máthos*, que é como a própria quintessência do trágico. "No sofrimento, o conhecimento"; ou ainda: "experiência dá sapiência". É por se ter sofrido que compreendemos, porém de maneira tardia, uma vez que é verdade que a revelação só ocorre no fundo do desastre.⁸ Este caráter pedagógico da dor parece estar no centro da ação dos personagens trágicos gregos. Sustentamos, no entanto, que os personagens shakespearianos realizam uma

---

5   *Ibidem*, p. 45.
6   *Ibidem*, p. 56.
7   Victor Kiernan, *op. cit.*, p. 31.
8   Nicole Loraux, *op. cit.*, p. 27.

inversão na premissa, fazem um curto-circuito na definição. Para estes personagens, no sofrimento não encontramos conhecimento, mas sim no *conhecimento encontramos sofrimento*!

Todas as quatro grandes tragédias de Shakespeare lidam com a questão do conhecimento em algum momento. Para sermos mais precisos, uma vez que a tragédia shakespeariana é sempre uma tragédia de personagens, elas tratam, de maneira magistral, de uma dimensão a mais do que o mero conhecer: dizem respeito ao autoconhecimento.

É esse processo de conhecer a si mesmo que dará aos heróis shakespearianos a possibilidade de desenvolverem uma consciência. Ali, no palco, lugar em que a identidade destes personagens se mostra aos nossos olhos, temos a nítida impressão de que se tratam de heróis perfeitamente possíveis em todas as suas qualidades e defeitos. E é porque investigam a si mesmos que questionam seus próprios atos, que se dispõem a conhecer o mundo da vida em todo seu esplendor e em toda dor, que podemos dizer que encontram no conhecimento o sofrimento.

Hamlet será o herói máximo, neste sentido. É um herói trágico assombrado por um duplo fantasma: o de seu pai morto e o de sua consciência. Ele será capaz, ao longo da peça, de fazer os questionamentos mais profundos sobre a natureza humana. Seu solilóquio sobre a validade do suicídio, por certo o solilóquio mais conhecido do mundo, é uma verdadeira incursão sobre os limites da existência, sobre os motivos do viver, sobre a justiça divina. E é extremamente paradoxal que este personagem que pensa bem como ninguém tenha que se fingir de louco para investigar o crime de seu tio e para se proteger em uma corte que não compreende suas ações. Os solilóquios deste personagem no decorrer da peça, no entanto, servem para provar, a todo o momento, que Hamlet pode estar mais lúcido que o próprio leitor ou espectador da peça. Ele tem o conhecimento de tudo que está ocorrendo, um saber que o leva a explorar seu próprio ser e o transforma no herói da consciência do mundo ocidental. E, no entanto, este conhecimento não leva a qualquer forma de alento, qualquer espécie de redenção. A dor do filho de um pai morto pelo mesmo homem que vai dormir com sua mãe, a dificuldade de execução de sua vingança, a traição dos amigos, a morte da mulher amada, tudo isso são questões que Hamlet vai ter de digerir dentro de si mesmo para poder encontrar uma resposta adequada. "O resto é silêncio" diz o herói em sua última fala da peça. Silêncio, não só porque é a fala que termina com sua existência e o coloca rumo ao desconhecido, mas porque todos os limites da linguagem também parecem ter sido esgotados. *Não há mais nada o que dizer depois que tudo foi dito*. Hamlet conheceu profundamente sua posição no jogo da vida, reconheceu qual o papel que o destino reservou a ele. Soube, como ninguém, a dor do existir e, ainda assim, tal conhecimento não foi suficiente para abrandar todo sofrimento que decorre do grau mais profundo da consciência. Se Hamlet é o herói da consciência moderna, ele é um herói atormentado.

Otelo também é um personagem cuja autoconsciência dói. Porém, não no mesmo sentido de Hamlet. Este personagem vai encontrar, dentro de si, demônios que jamais suporia que teria de enfrentar. A coragem e a força que demonstra no campo de batalha, nesta peça de forte teor psicológico, serão completamente inúteis para compreensão interna e do que está em jogo nas armadilhas da linguagem de Iago. Enganado por Iago, Otelo vai descobrir que é um homem profundamente inseguro, apesar de sua posição proeminente de comandante militar. Somente compreende o que se passa ao seu redor ao fim da peça, quando Iago é desmascarado e quando não há mais retorno possível, uma vez que todo o mal, o assassinato de sua própria esposa, já foi consumado. No fim da peça, momento em que percebe o embuste, tudo lhe vem à mente ao mesmo tempo: a maledicência de Iago, a injustiça perante Cássio, a atrocidade que comete ao matar Desdêmona, seu papel de homem facilmente manipulável. Então, ele se suicida como repreensão ao seu próprio comportamento, como se fosse a última de suas ordens como militar. O saber, neste caso, não poderia ser mais doloroso.

Se é verdade que Lear oscila, ao longo de sua peça, entre a razão e a loucura, e não consegue, muitas vezes, enxergar o que qualquer outro personagem da história pode perceber, por outro lado, sua jornada é uma empreitada de autoconhecimento. Um itinerário de um homem aos oitenta anos que, como disse uma de suas filhas, "nunca se conheceu bem". Lear enfrentará a posição de um homem que perdeu, por vontade própria, o poder que sempre deteve e terá que lidar com o desamor de suas próprias filhas. Toda a sua ira, demonstrada no primeiro ato da peça, quando bane Cordélia, começa a lhe fazer mal, na medida em que não tem mais poder ou estrutura para mudar nada do que está acontecendo. Lear vai ter que reconhecer que errou ao banir Cordélia e distribuir o reino para as suas outras duas filhas. Sua autoconsciência lhe perturba. O bobo, que o acompanha por toda a parte na peça, representa, em muitos sentidos, sua consciência a lhe mostrar os erros que comete.

Quanto mais Lear conhece a si mesmo, mais a consciência lhe dói e mais afiada se torna a fala do bobo. Ao fim da peça, quando tudo já foi desestruturado na tragédia, ele encontrará o corpo de Cordélia. A dor por perder a filha querida e a percepção de que foi injusto com ela é demais para Lear, que acaba morrendo.

Macbeth é um personagem trágico maldoso que sabe perfeitamente a dimensão de seus crimes. Ele sabe que é ambicioso e age de acordo com isso. No fundo, é um personagem extremamente coerente. O que ele quer, o poder, deve ser alcançado. Sua autoconsciência também lhe atormenta, uma vez que praticou crimes graves, mas não a ponto de o impedir de praticar o mal para alcançar e manter o poder. Vale dizer: Macbeth sabe distinguir o certo do errado, só que o certo e o errado não vinculam a sua conduta individual. É personagem que, ao longo da peça, vai conhecendo mais sobre si mesmo e, inevitavelmente, sobre a natureza do mal. Seu solilóquio sobre o sem-sentido da vida é um dos pontos mais altos da literatura Shakespeariana.

MACBETH
>Ela só deveria morrer mais tarde;
>Haveria um momento para isso.
>Amanhã, e amanhã, e ainda amanhã
>Arrastam nesse passo o dia a dia
>Até o fim do tempo pré-notado.
>E todo ontem conduziu os tolos
>À via em pó da morte. Apaga, vela!
>A vida é só uma sombra: um mau ator
>Que grita e se debate pelo palco,
>Depois é esquecido; é uma história
>Que conta o idiota, toda som e fúria,
>Sem querer dizer nada.
>(*Macbeth* – V.v.17-28)

Podemos dizer que a tragédia moderna shakespeariana, da mesma maneira que a tragédia grega antiga, tem um caráter pedagógico, porém em sentido diferente. Segundo Goethe:

>Quem progride no caminho de uma formação íntima verdadeira irá sentir que tragédias e romances trágicos de modo algum

sossegam o espírito, mas deixam inquieto o ânimo e isso que chamamos de coração, resultando num estado de vaga indeterminação. A juventude ama esse estado, sendo arrebatada assim por tais produções.[9]

Enquanto a tragédia grega antiga tinha por função a *kátharsis* dos sentimentos de terror e piedade, a tragédia shakespeariana se caracteriza pela auto-reflexão. A tragédia grega antiga se centra na ideia de ação, a tragédia shakespeariana, na ideia de reflexão. Os personagens principais parecem desenvolver, através do autoconhecimento, o que podemos chamar de uma verdadeira consciência nas quatro grandes tragédias que nos dispomos a analisar. O leitor ou o espectador, ao participar deste espetáculo do refletir sobre si mesmo que as tragédias shakespearianas proporcionam, também fica inclinado a aprender, a ler e a pensar sobre si mesmo – suas angústias, medos, ambições e questionamentos. Em outras palavras, aprendemos com Shakespeare a entender melhor os nossos próprios sentimentos e razões. São peças que precisamos compreender porque, quando as lemos, temos a impressão dde que elas nos leem também.

III

Na tragédia shakespeariana são os atos dos personagens que constituem o elemento trágico, e não fenômenos da natureza. O herói contribui sempre para a sequência de atos que resultará no desastre final. De fato, em Shakespeare, fica evidente que as virtudes de um homem podem muito bem ajudá-lo a se destruir.

Bradley, por exemplo, assim define a tragédia shakespeariana: "uma tragédia é uma história de excepcional calamidade que leva à morte de um homem que goza de posição proeminente".[10]

De fato, as grandes tragédias de Shakespeare, apesar de terem um elevado número de personagens, muito maior que nas tragédias gregas clássicas, são histórias de um só personagem, um só herói que dá título à peça. Estas "estrelas solitárias"[11] são sempre homens de alta estirpe: reis, príncipes, nobres ou generais.

---

9 GOETHE. *Escritos sobre literatura*. Rio de Janeiro: 7 letras, 1997, p. 26.
10 BRADLEY, *op. cit.*, p. 11.
11 *Ibidem*, p. 4.

A tragédia se configura como uma narrativa de sofrimento em que está escrito que até o fim do último ato este personagem principal encontrará, necessariamente, a morte. Não há tragédia shakespeariana em que o personagem principal não morra ao fim da peça. Como estes heróis são homens fora do comum, seus sofrimentos e a calamidade em que se envolvem são, além do mais, notadamente excepcionais. Estes personagens trágicos não precisam, aliás, serem homens bons, necessariamente. Mas, no entanto, sua queda deve nos causar impacto. Como bem coloca Bradley:

> Ninguém jamais fecha o volume com o sentimento de que o homem é uma criatura fraca e vil. Pode ser desventurado, ou sórdido, mas não é pequeno. Sua sorte pode ser angustiante e cercada de mistério, mas não é desprezível.[12]

O conflito, característica do trágico, também é componente essencial de uma tragédia shakespeariana. Pensando no âmbito dos personagens, podemos encontrar conflitos limites. Porém, estes conflitos se dão em duas dimensões diferentes. De um lado, o conflito mais evidente, o externo. Como exemplo, poderíamos citar a relação de tensão entre Hamlet e Cláudio, ou entre Otelo e Iago. De fato, este conflito externo se manifesta sempre como uma injustiça que põe em jogo a ordem do político. A conquista de alguma forma de poder pode aparecer como parte do enredo principal da tragédia ou como enredo secundário, mas, no entanto, caracteriza o conflito externo entre um personagem e os seus antagonistas.

De outro lado, existe um conflito interno dentro dos próprios personagens.[13] Esse conflito pode ser, por exemplo, o cálculo para a execução de uma vingança, como é o caso de *Hamlet*, ou as considerações sobre a perda do poder, caso de *Rei Lear*. De qualquer modo, sinalizam para o exercício do processo de auto-reflexão, procedimento que Shakespeare será mestre em arquitetar. E é nesses momentos de luta interna das personagens principais consigo mesmas, que Shakespeare revela seu poder mais extraordinário.

---

12 BRADLEY, *op. cit.*, p. 16.

13 *Ibidem*, p. 12-13.

IV

Do ponto de vista do conflito, elemento constituinte do trágico, talvez seja necessário apontar nas grandes tragédias shakespearianas outra característica que está na essência da produção dramática do autor. Trata-se de perceber o modo pelo qual Shakespeare constrói peças em que os conflitos próprios de seu tempo, o Renascimento, aparecem dentro da estrutura do próprio drama.

Isto ocorre porque o período em que Shakespeare viveu era repleto de contradições. Uma sociedade que ainda estava ligada a um imaginário medieval tem que dar conta, a certo momento, de uma realidade que se desliga aos poucos das certezas que governavam o mundo da vida e organizavam a lógica do social. Em outras palavras, Shakespeare escreveu em um período de transição. Uma mentalidade que se fundava em certezas absolutas sobre a ordem das coisas dá lugar a uma nova maneira de entender o real, que questiona diretamente as verdades eternas e que imprime um estatuto próprio para a dúvida. É importante lembrar que a época do teatro medieval possuía um espírito profundamente cristão. No período dos "mistérios" e "moralidades", a religião era parte da vida social e influenciava o trabalho e a diversão.[14]

Alguns indícios da distância entre a visão medieval e a renascentista de mundo podem ser encontrados na obra de Shakespeare, sobretudo nas contradições em que se encontram os próprios personagens no desenvolvimento da trama. Os espectadores das peças de Shakespeare, no período elisabetano, certamente reconheceriam estas contradições ao verem, no palco, sua representação, mesmo que simbólica.

A famosa frase de Hamlet sobre o fato do mundo estar fora dos eixos, desconjuntado, é a síntese perfeita da sensação que o teatro de Shakespeare não cansa em simbolizar.

Existe algo em Shakespeare que aponta para o fim da mentalidade medieval e para a inauguração de um modo de representar a sociedade de uma maneira moderna. O caso não é o de uma oposição absoluta, na medida em que em Shakespeare também temos resquícios de um modo de produzir o drama que ainda contém

---

14   MUTRAN, Munira H.; STEVENS, Kera. *O teatro inglês da idade média até Shakespeare*. São Paulo: Global Editora, 1988, p. 9.

elementos medievais. Mas, talvez Shakespeare seja um autor formidável porque ao meio desta contradição consegue criar algo de absolutamente original.

Tomemos um exemplo de *Hamlet*.

A mentalidade elisabetana, ainda ligada a representações medievais, não havia se desprendido do caráter mágico do mundo. O espectro em *Hamlet*, assim, era mais do que natural para espectadores acostumados com visões de seres imaginários. Em uma tragédia de vingança tradicional, o pedido do fantasma para o vingador, ou seja, a circunstância em que o espectro aparece, não é colocada em discussão. O vingador descobre, via fantasma, que um crime foi cometido e se dispõe, prontamente, a executar a vingança.

Hamlet, não obstante, questiona o teor da veracidade do que o fantasma lhe disse. Tem que armar a *ratoeira*, a peça dentro da peça, para ter por certo o que a figura fantasmagórica enunciou. Hamlet, por assim dizer, questiona e se põe a duvidar, mesmo em face da figura de seu próprio pai. É personagem, portanto, complexo. É muito, muito mais que um mero vingador em uma tragédia de vingança.

Mesmo o sentido do agir, para Hamlet, é algo que escapa. Incumbido de uma tarefa realmente simples, matar o seu tio, o novo rei, Hamlet fará toda uma incursão pelo sentido da existência, pelo estatuto do justo, pela arte e, até mesmo pela noção do significado do agir. Hamlet viu o fantasma, resquício de tradição medieval, mas resolveu *pensar* antes de *agir*. Tal complexidade só pode ser percebida em uma nova forma de concepção de personagem principal, um tipo de personagem que somente será possível com o advento da modernidade. De certa maneira, um tipo de personagem que se constrói por oposição aos esquemas fixos do teatro medieval. Se existe algo como o *bem* e o *mal* em *Hamlet*, é verdade que esta oposição ganha contornos de complexidade que vão para além do paradigma tradicional do teatro medieval inglês.

A tragédia maquiaveliana

> *Nicolau Maquiavel, historiador, cômico e trágico.*
>
> *Maquiavel*

A frase em epígrafe constitui o modo como Maquiavel se autodefiniu quando assinou uma carta a Francesco Guicciardini, em 21 de outubro de 1525. Ninguém se esquece do lado *historiador* de Maquiavel, caracterizado na frase. Ele escreveu dois livros importantes de história: *Os Comentários sobre a Primeira Década de Tito Lívio* e a *História de Florença*. Sem contar que em sua *Arte da Guerra* e no *Príncipe* a história tem um papel central na ordem dos argumentos. Como *cômico*, Maquiavel escreveu peças de teatro e pequenos textos. Entre eles, as duas obras que se destacam pela qualidade são a comédia *A Mandrágora* e o conto *Belfagor, o Arquidiabo*. Maquiavel, no entanto, enigmaticamente, se autodefine com um terceiro adjetivo: *trágico*.

Em que obra poderíamos encontrar essa característica de Maquiavel? A ideia de *trágico*, certamente, passava pela cabeça do autor, na medida em que ele decide se definir por este adjetivo.

Se existe algo de trágico no pensamento filosófico-político de Maquiavel, esta característica pode ser encontrada em sua obra mais importante, a obra política mais importante do Renascimento: *O Príncipe*. E, no entanto, a interpretação do *Príncipe* como uma obra trágica ainda não parece ser a leitura mais corrente.

Novidade ou não, acreditamos que se Maquiavel tem uma faceta trágica, é no *Príncipe* que podemos encontrar esta dimensão. E é por isso que faremos, neste trabalho, apenas uma análise desta única obra do florentino, de modo que, se deixamos de lado uma série de discussões interessantíssimas dos escritos de Maquiavel, isto se deve à tentativa de explicar unicamente o aspecto trágico de seu pensamento. A escolha do *Príncipe* como objeto de estudo, então, não é aleatória, pois este parece ser o escrito que melhor situa o autor dentro de uma tradição, a tragédia, a qual ele mesmo se filiou ao se autodefinir. Talvez, então, não seja possível conciliar uma leitura trágica do *Príncipe* com as discussões republicanas que podemos encontrar nos *Discursos*, ou com o riso político que espontaneamente manifestamos ao ler *A Mandrágora*, mas não é à toa, nos parece, que Maquiavel se autodefiniu através de *três* adjetivos...

Para mostrarmos em que sentido, inicialmente, o *Príncipe* pode ser lido a partir de uma lógica trágica, operaremos com duas ordens de argumentos diferentes que inter-relacionados começam a configurar esta curiosa construção que é a visão trágica de mundo.

I

Virtù contro a furore
Prendera l'arme...[1]

Petrarca

Em primeiro lugar, é preciso definir com precisão os significados de dois conceitos que aparecem reiteradas vezes no *Príncipe*: a *virtù* e a *fortuna*. Estes conceitos são centrais para a compreensão do pensamento de Maquiavel, permeando toda sua obra e simbolizando a eterna luta entre as ações dos homens e o imponderável.

Fortuna e *virtù* são categorias que regulam a ordem da vida. A *fortuna* é a chave de êxito da política, mas corresponde àquela parte que não pode ser governada pelo homem. Ela proporciona a ocasião, a oportunidade, que deve ser aproveitada pelo homem de *virtù*. Corresponde à sorte ou ao azar. É, em poucas palavras, a força

---

[1] Trecho do *Cancioneiro* de Petrarca (Parte I, CXXVIII, canção XVI, verso 93) citado ao fim do *Príncipe* de Maquiavel: "A *virtù* empunhará as armas contra a fúria...".

que determina nossos destinos. Está do lado de Deus e pode dar aos homens o sucesso ou acabar com seus planos. Os gregos antigos tinham uma palavra que apontava para esta dimensão do imponderável, do algo que nos escapa, do contingente: *týkhe*.

Virtù, no italiano de Maquiavel, provém de *vir*, que, em latim, significa homem. Assim, para o autor, *virtù* vincula-se a *valor, capacidade, determinação, energia, engenhosidade e proeza*.[2] Corresponde a um saber aproveitar o momento mais propício para a ação. É um fazer acontecer.[3]

Maquiavel, no *Príncipe*, utiliza uma metáfora para explicar os dois conceitos: a metáfora do rio. A *fortuna* é um rio impetuoso que pode devastar tudo que o homem criou. Porém, o homem de *virtù* pode se prevenir usando diques e barragens para que o rio não destrua tudo que encontra pela frente.

É preciso não confundir *virtù* com virtude. Virtude, no sentido cristão, prega a bondade que será recompensada nos céus. A *virtù* de Maquiavel pode se antepor veementemente contra a bondade, e não é uma esperança de salvação, mas uma ação efetiva do homem na Terra, em busca do poder.[4] Um príncipe de *virtù* não depende dos outros, que são instáveis e aproveitadores, mas de si mesmo. A leitura desses conceitos de Maquiavel por Lefort é extremamente original. Segundo este filósofo:

> Certamente essa *virtù* é definida como antítese da Fortuna; é o poder de subtrair-se à desordem dos acontecimentos, elevar-se acima do tempo que, como aprendemos, *enxota tudo à sua frente*, é agarrar a Ocasião e, portanto, conhecê-la, é enfim, segundo a palavra do autor, introduzir *uma forma numa matéria*.[5]

---

2 BARROS, Vinícius Soares de Campos. *10 lições sobre Maquiavel*. Petrópolis: Editora Vozes, 2010, p. 55.

3 Podemos encontrar, ao longo da leitura do *Príncipe*, os seguintes usos da palavra *virtù*: qualidades, predicados, valor, valor pessoal, bastante afortunados, talento, vigor, grande valor, dotes, méritos, capacidade.

4 Então, "*virtù* " não pode ser entendida, propriamente, como "virtude", pois não diz respeito a uma excelência moral ou disposição para o bem. Para evitar a confusão entre o conceito de "*virtù*" de Maquiavel e a "virtude" no sentido cristão, usaremos o original italiano "*virtù*" para se referir ao conceito de Maquiavel e "virtude" para falar da moralidade cristã.

5 LEFORT, Claude. "Sobre a lógica da força". In: QUIRINO, Célia Galvão e SADEK, Maria Teresa (orgs.). *O pensamento político clássico*. São Paulo: TAQ Editor, 1980, p. 44.

Pode-se dizer que a *virtù* diz respeito ao tamanho da ambição do homem e de sua capacidade de estar à altura de sua própria ambição.

Nesse sentido, o Capítulo XXV do *Príncipe*, intitulado "Quanto pode a fortuna nas coisas humanas e de que modo se deve resistir a ela" é de extremo relevo. É nesse capítulo que Maquiavel vai melhor caracterizar a relação entre *fortuna* e *virtù*, contrabalanceando o valor e a influência destes fatores na ordem das coisas humanas. Basicamente, ao longo deste capítulo, o filósofo passará por três posições diferentes. Começa defendendo o argumento inicial de que a *fortuna* representa o essencial para a condução das coisas deste mundo, posteriormente, em uma posição intermediária, afirma que a *fortuna* é responsável pela metade das nossas ações e, por fim, no último argumento do capítulo, defende a posição de que a *virtù* é quem deve dar as cartas.

Assim inicia o referido capítulo:

> [1] Não desconheço como muitos tiveram e têm opiniões de que as coisas do mundo são, de certo modo, governadas pela fortuna e por Deus; que os homens com a sua prudência não podem corrigi-las, não havendo, então, remédio algum; e por isso poderiam julgar que não seria necessário cansar-se muito nessas coisas, mas deixar-se governar pela sorte. [2] Essa opinião tem muito crédito em nossos tempos, por causa da grande mudança nas situações que foram vistas e se veem todos os dias, que estão além de toda a conjectura humana. [3] Diante do que, pensando eu algumas vezes, inclinei-me de certo modo pela opinião deles. (Cap. XXV)[6]

Posteriormente, a posição intermediária:

> [4] Todavia, para que nosso livre arbítrio não seja extinto, julgo ser verdadeiro que a fortuna seja árbitra de metade das nossas

---

6   "[1] E' non mi è incognito come molti hanno avuto et hanno opinione che le cose del mondo sieno in modo governate, dalla fortuna e da Dio, che li uomini con la prudenza loro non possino corregerle, anzi non vi abbino remedio alcuno; e per questo potrebbono iudicare che non fussi da insudare molto nelle cose, ma lasciarsi governare alla sorte. [2] Questa opinione è suta più creduta nelli nostri tempi per le variazione grande dele cose che si sono viste e veggonsi ogni dì, fuora di ogni umana coniettura. [3] A che pensando io qualche volta, mi sono in qualche parte inclinato nella opinione loro." (Cap. XXV).

ações, mas que ela ainda nos deixa governar a outra metade, ou quase. (Cap. xxv)[7]

E, por fim, já completamente defensor do papel da *virtù* na ordem das coisas humanas:

> [26] Acredito que seja melhor ser impetuoso que ponderado, porque a fortuna é mulher e é necessário, se se quer subjugá-la, submetê-la e bater nela. [27] E se vê que ela se deixa vencer mais pelos impetuosos do que por aqueles que friamente procedem; e por isso, como é mulher, sempre é amiga dos jovens, porque são menos prudentes, mais ferozes e comandam-na com mais audácia. (Cap. xxv)[8]

Tal posição persiste até o fim do livro. A certo momento, Maquiavel chega até mesmo a afirmar que o Todo-Poderoso não quer fazer tudo para não nos tirar o livre-arbítrio e a parte da glória que nos cabe.

Esta sucessão de argumentos contrastantes, em que o papel da *fortuna* e da *virtù* se altera ao longo dos parágrafos do referido capítulo, nos parece indicar menos um problema de caráter lógico, uma contradição interna no pensamento de Maquiavel, e mais uma tentativa de construir uma concepção em que o homem é pensado como centro de todas as coisas. Em outras palavras, na evolução dos argumentos que se inicia com o predomínio da *fortuna* e termina com o predomínio evidente da *virtù*, temos em jogo um humanismo próprio do Renascimento, período no qual Maquiavel se inscreve.

Mas, para entendermos em que medida o pensamento maquiaveliano expresso no *Príncipe* se mostra trágico, é preciso delimitar as tensões próprias da tragédia clássica e, posteriormente, compararmos com a relação entre os concei-

---

[7] "[4] Nondimanco, perché il nostro libero arbitrio non sia spento, iudico potere essere vero che la fortuna sia arbitra della metà delle actioni nostre, ma che etiam lei ne lasci governare l'altra metà, o presso, a noi." (Cap. xxv).

[8] "[26] Io iudico bene questo, che sia meglio essere impetuoso che respettivo: perché la fortuna è donna, et è necessário, volendola tenere sotto, batterla et urtarla. [27] E si vede che la si lascia più vincere da questi, che da quegli che freddamente procedano: e però sempre, come donna, è amica de' giovani, perché sono meno respettivi, più feroci e com più audácia la comandano." (Cap. xxv).

tos de *fortuna* e *virtù* do pensador florentino. Nesse caso, o que nos parece que ocorre é que na relação entre *fortuna* e *virtù*, relação que constitui o eixo central do pensamento de Maquiavel expresso no *Príncipe*, existe uma dimensão trágica a ser revelada.

A tragédia, enquanto forma de expressão artística, forma de pensamento ou de sentimento, pode ser entendida como uma constante tensão entre liberdade e necessidade – vontade e determinismo. O trágico, em seu sentido clássico grego, consiste justamente na tentativa de fazer a diferença, de agir de acordo com nossas vontades, em um universo em que nosso caminho já está traçado de antemão. Tentamos ser livres, donos de nosso próprio querer, mas o destino, se assim pudermos dizer, nos coloca em situações que escapam ao nosso controle. Édipo, ao descobrir sua sina, depois de se consultar com o oráculo, tenta fugir de seu destino. Não suporta a ideia de que irá matar o próprio pai e dormir com a própria mãe. Porém, todas as suas ações que visavam a escapar da previsão do oráculo o encaminham diretamente para cumprir seu triste fado. Na tragédia grega, o determinismo inviabiliza a própria ideia de ação. Afinal, o que significa agir em um universo em que minhas intenções nada valem, em que o meu querer não pode modificar minha sina?

Pois os conceitos de *virtù* e *fortuna* em sua lógica dialética, conforme aparecem ao longo do *Príncipe*, não seriam uma formulação moderna, política, da antiga tensão entre liberdade e necessidade, entre vontade e determinismo, ação e destino ?

A *virtù*, capacidade de saber lidar com os acontecimentos, imposição de vontade sobre a ordem das coisas, não estaria em nosso jogo de correspondências entre a tragédia clássica grega e o pensamento de Maquiavel ligada às categorias da liberdade, da vontade e, sobretudo, da ação? E a *fortuna*, essa deusa da ocasião, seria algo mais que necessidade, fatalidade, destino ?

A tensão dialética que podemos ler no *Príncipe* entre *fortuna* e *virtù*, ou seja, os encontros e desencontros entre os dois termos, que podem levar o aspirante ao poder, ao sucesso ou ao fracasso total, lidos em suas voltas e reviravoltas ao longo dos capítulos do livro, representam a síntese do trágico moderno. De um lado, liberdade de ação, querer; de outro, destino, ocasião. Estes dois fatores que governam nossas vidas, que coroam ou não a vontade de poder, introduzem a ideia de conflito, característica fundamental da tragédia. Trata-se, no limite, do confronto entre o homem, esse ser que age, e as determinações e contingências que o ultrapassam e o conformam. Pois esse conflito, incontornável, entre *fortuna* e *virtù* seria o primeiro indício de que estamos diante de uma obra de caráter trágico.

Mas claro que a mentalidade moderna renascentista, própria de Maquiavel, fará uma inversão muito característica de seu tempo. O humanismo e o antropocentrismo, levados a sério, providenciarão naquela tensão essencial que constitui o trágico, a oposição entre liberdade e determinismo – que, por sinal, na Grécia antiga, sempre pendia para o determinismo –, a inversão que fará da ação humana o elemento mais forte da dicotomia. Daí a propensão de Maquiavel de valorizar a *virtù*. Esse desprendimento, pretensão de independência, não será, obviamente, total. A *fortuna* ainda representa o incontrolável, a determinação, aquele algo que nos escapa. Porém, este novo homem, o homem moderno — e no caso de Maquiavel, esse príncipe —, tem uma liberdade de ação muito maior que seus antepassados literários gregos. A essa capacidade de agir de acordo com sua própria vontade, de estar à altura de suas próprias ambições, Maquiavel deu o nome de *virtù*.

Temos, assim, o primeiro elemento que nos convida a analisar o *Príncipe* como uma obra trágica. A tensão dialética entre *virtù* e *fortuna* não seria mais que a tradução da tensão trágica entre liberdade e determinismo, porém com sentido trocado. O destino, categoria predominante na tragédia clássica, cede lugar a liberdade da ação humana como categoria predominante na era moderna. É, nesse sentido eminentemente renascentista, que a *virtù*, no pensamento de Maquiavel, tem a tendência a prevalecer sobre a *fortuna* na ordem das questões humanas.

De qualquer forma, o essencial é que a relação *virtù* e *fortuna* é uma moderna formulação da antiga tensão fundante da tragédia clássica, porém, pensada às avessas.

II

Passemos à segunda linha de raciocínios que apontam para uma leitura do *Príncipe* como uma obra trágica.

A análise tradicional do pensamento filosófico-político de Maquiavel assinala para uma separação entre o campo da política e o campo da moral. Tal separação seria de extrema importância, pois, no limite, seria responsável pela própria fundação de uma ciência na era moderna: a ciência política.

O argumento é conhecido.

A Filosofia Política tradicional, desde os gregos, sempre pensou a política a partir de ideais. Nesse sentido, é o caso de lembrar que a *Política* de Aristóteles ensinava, em primeiro lugar, que a organização do Estado estava subordinada ao princípio da justiça. Tratava-se de pensar o tipo ideal de Estado, a melhor forma de governo, o governante ideal. Esse governante deveria ter as seguintes características: ser justo, racional, honesto, moderado, generoso – virtudes que fariam com que ele fosse honrado, respeitado. Além do mais, essa Filosofia Política tradicional, em regra, discutia as condições de legitimidade do governo e do governante. Qual teria sido a inovação de Maquiavel? O pensador teria inaugurado um novo objeto para a política. Um objeto conhecido dos filósofos, mas que, até então, não tinha sido pensado a partir de sua crueza prática: o poder. *O Príncipe* é uma obra sobre o poder. Talvez a primeira obra da história que cuida do poder como elemento central. Nesse sentido, Maquiavel pode ser considerado o precursor da Ciência Política que nasce com a modernidade. Não se tratava mais, como se pensava a política anteriormente, de estudar o tipo ideal de Estado a partir de análises metafísicas, mas sim de se compreender o poder no centro das discussões políticas e da instituição do Estado. Maquiavel discute as maneiras de se ganhar o poder, de se manter no poder e de perder o poder. *O Príncipe*, portanto, é obra que busca revelar o jogo do poder a partir de uma dimensão prática, real, muitas vezes distante das teorizações ideais dos pensadores da política tradicionais. Segundo Maquiavel:

> [3] Mas, sendo a minha intenção escrever coisa útil a quem a escute, pareceu-me mais convincente ir direto à verdade efetiva da coisa do que à imaginação dessa. [4] E muitos imaginaram repúblicas e principados que nunca foram vistos, nem conhecidos de verdade. (Cap. xv)[9]

A análise tradicional do pensamento de Maquiavel insiste sempre no mesmo ponto: ele teria expulsado a ética da política porque estava preocupado demais com o poder. O pensador não estaria sequer preocupado realmente com a legitimidade da aquisição do poder – a verdade é que tudo dependeria da lógica da força.

Seria o caso de se propor outra interpretação da questão ética em Maquiavel? Será que ainda há espaço, complementando a consolidada interpreta-

---

9   "[3] Ma sendo l'intenzione mia stata scrivere cosa che sia utile a chi la intende, mi è parso più conveniente andare drieto alla verità effettuale della cosa che alla immaginazione di epsa. [4] E molti si sono immaginati republiche e principati che non si sono mai visti né conosciuti in vero essere." (Cap. xv).

ção tradicional, para inaugurarmos uma interpretação que situa uma certa eticidade maquiavélica dentro da lógica do trágico?

Comecemos pela questão ética na tragédia grega.

O trágico se funda na unidade dialética entre duas forças éticas, entre dois lados igualmente defensáveis, talvez até legítimos. É a oposição essencial entre duas ordens de valores. Não há intermediação. Não há conciliação possível. A contradição não pode ser superada, sob o risco de, se assim acontecer, não termos uma tragédia.

Antígona, peça de Sófocles, pode ilustrar melhor a questão da relação entre ética, direito e justiça nas tragédias gregas.

Antígona tem um discurso muito claro na peça, se bem que representante da tradição. Ela quer enterrar o irmão, morto em luta fratricida em uma investida contra Tebas, porém se vê impedida por ordem pública de seu tio, Creonte, o novo governante de Tebas. O édito é claro: pena capital para quem o desobedecer. Antígona, então, evoca regras universais de justiça, regras não escritas em nenhum lugar, não emanadas do poder soberano terreno, mas que autorizariam uma irmã a enterrar um irmão morto. Creonte, de seu lado, deve cumprir o direito positivo, as regras que ele mesmo criou. Resultado: acaba tendo que executar Antígona, que o desobedeceu.

CREONTE
Agora, dize rápida e concisamente:
sabias que um édito proibia aquilo?

ANTÍGONA
Sabia. Como ignoraria? Era notório.

CREONTE
E te atreveste a desobedecer às leis?

ANTÍGONA
Mas Zeus não foi o arauto delas para mim,
nem essas leis são as ditadas entre os homens
pela justiça, companheira da morada
dos deuses infernais; e não me pareceu
que tuas determinações tivessem força
para impor aos mortais até a obrigação

de transgredir normas divinas, não escritas,
inevitáveis; não é de hoje, não é de ontem,
é desde os tempos mais remotos que elas vigem,
sem que ninguém possa dizer quando surgiram.[10]

O ritmo do discurso e dos argumentos nessa tragédia aponta para duas ordens inconciliáveis. O discurso de Antígona, ancorado na tradição, não pode convencer Creonte. Ele a condena. Por seu turno, o discurso de Creonte é incompreensível para Antígona. Ela não o obedece. Tratam-se, no caso, de duas éticas igualmente defensáveis, duas ordens de direito, natural e positivo, porém duas formulações completamente antagônicas. O trágico, nesta obra singular que é *Antígona*, provém deste conflito insuperável, desta tensão entre campos éticos e jurídicos diferentes.

Hegel define bem a questão:

> O trágico consiste nisto: que, num conflito, os dois lados da oposição têm razão em si, mas só podem realizar o verdadeiro conteúdo de sua finalidade negando e ferindo a outra potência que também tem os mesmos direitos, e que assim eles se tornam culpados em sua moralidade e por essa própria moralidade.[11]

Não é preciso muito para perceber o que temos em jogo aqui: a oposição entre universal e particular.

O discurso de Antígona, até mesmo por se amparar na tradição, tem um caráter universal. Ela busca a justiça em normas que não foram escritas, mas que vigem desde tempos imemoriais. Tais normas valeriam em todos os tempos, em todos os espaços. O discurso de Creonte, por sua vez, se funda no particular. O édito que proclama a pena capital para a desobediência de uma determinação do rei é fruto da vontade. Seu registro está circunscrito em um tempo e em um espaço específico.

Mas como *O Príncipe* de Maquiavel seria trágico neste sentido?

---

10 SÓFOCLES. "Antígona". In: *A trilogia tebana*. Rio de Janeiro: Jorge Zahar editor, 1998, p. 214.

11 HEGEL, Georg Wilhelm Friedrich apud PAVEL, Patrice. *Dicionário de Teatro*. São Paulo: Perspectiva, 2008, p. 417.

Acreditamos que a questão da ética em Maquiavel deva ser compreendida de uma maneira mais elaborada, para além da interpretação tradicional.

O que nos parece que ocorre no *Príncipe* é a existência de *duas éticas* em contraposição. Existiria a ética dos cristãos, baseada na noção de bem e de dever espiritual; e existiria outra ética, de caráter político, uma ética de resultados, mais sofisticada.

Isaiah Berlin, por exemplo, defende a existência de duas moralidades, dois ideais incompatíveis de vida que Maquiavel teria dimensionado.[12] De um lado, uma moralidade do mundo pagão em que os valores são a coragem, o vigor, a fortaleza na adversidade, a realização pública, a ordem, a disciplina, a felicidade; de outro, a moralidade cristã, cujos ideais são a caridade, a misericórdia, o sacrifício, o amor a Deus, o perdão aos inimigos, o desapego aos bens materiais. Para Isaiah Berlin, Maquiavel seria um representante da moralidade do mundo pagão.

A ética cristã proclama, sem concessões, um modo de comportamento individual que seria universal, inquestionável. Tanto que o sistema de condutas que ela implica se sustenta na *verdade revelada*, no que podemos chamar como âmbito da crença. A ética de caráter político, por seu turno, depende, a todo o momento, das circunstâncias práticas que envolvam a dimensão do poder. Ela depende de decisões da ordem do político, das necessidades do momento para a sustentação dos mecanismos de poder. Tal ética, como podemos apontar, estaria encerrada na lógica do âmbito da vontade. A crença, como não poderia deixar de ser, se vincula à ideia de absoluto e, assim, é dada a pensar a partir de universais; a vontade, por outro lado, parte das circunstancias efetivas de realização do poder e, portanto, é dada a pensar a partir do particular.

É verdade que Maquiavel tem uma franca preferência pela ética política, mas é também verdade que escreve em um período em que a influência da ética cristã é incontornável. Desta forma, *querendo* ou *não*, o autor teve que lidar com uma dupla dimensão ética em sua obra. Como o conflito é característica essencial da tragédia, conforme vimos anteriormente, podemos, assim, encontrar no confronto entre estas duas éticas uma dimensão trágica evidente.

Ambas as éticas estão ligadas a uma noção de bem. Maquiavel sabe perfeitamente diferenciar o bem do mal. No *Príncipe*, podemos identificar

---

12 BERLIN, Isaiah. *Estudos sobre a humanidade*. São Paulo: Companhia das Letras, 2002, p. 314 et seq.

diversas passagens em que Maquiavel deixa claro que reconhece a ética cristã. Porém, enquanto a ética cristã, tradicional, se preocupa com o campo dos valores, em que os homens devem praticar o bem para ganhar o seu lugar nos *céus*, a ética política é secular e está preocupada com o exercício prático do poder na *terra*. O que ocorre é que o bem que Maquiavel almeja não está nos céus, na possibilidade da graça divina, mas sim no estabelecimento de uma ordem temporal, um Estado forte e centralizado, conduzido com segurança por um príncipe dotado de poder.

A tensão entre estas duas éticas, que também são inconciliáveis, leva a uma situação de conflito. Até Maquiavel, a ética fundada nos valores gregos e cristãos pautava o debate sobre como o governante deveria se comportar para alcançar o poder e exercê-lo de maneira justa. Maquiavel, no entanto, em uma reviravolta, escreve que o príncipe que agir de acordo com essa ética pode muito bem estar cavando a própria ruína. A questão é que a ética cristã não pode ser vinculante para o indivíduo que almeja conquistar o poder. Isto porque as virtudes cristãs são perfeitamente adequadas para o indivíduo em sua esfera privada, mas podem ser obstáculos para os indivíduos que almejam a vida pública, a política como atividade prática. Em outras palavras, o que é positivo do ponto de vista da moralidade cristã tradicional, caso seja cumprido, pode inviabilizar o que é mais importante para a ética política: o exercício do poder.

> [5] Porque há tanta diferença entre como se vive e como se deveria viver, que quem deixa aquele e segue o que se deveria fazer aprende mais rapidamente a sua ruína que a sua preservação: porque um homem que deseja ser bom em todas as situações, é inevitável que se destrua entre tantos que não são bons. (Cap. xv)[13]

A questão não é que o príncipe tem a obrigação de ser mau. É só que, se for necessário agir contra a ética cristã, às vezes mentindo, roubando e até mesmo ma-

---

13   "[5] Perché gli è tanto discosto da come si vive a come si doverrebbe vivere, che colui che lascia quello che si fa, per quello che si doverrebbe fare, impara più presto la ruina che la perservazione sua: perché uno uomo che voglia fare in tutte le parte professione di buono, conviene che ruini infra tanti che non sono buoni." (Cap. xv).

tando, para se assegurar o poder, o príncipe não pode se furtar a agir de acordo com uma ética de resultados, uma ética política.[14]

Lemos em Maquiavel:

> [6] Assim, é necessário a um príncipe que deseja conservar-se no poder, aprender a não ser bom, e sê-lo e não sê-lo conforme a necessidade. (Cap. xv)[15]

Dentro desta lógica, até a crueldade se torna uma ação instrumental. O príncipe não deve ser cruel à toa. Ele somente tem o dever prático de ser cruel quando as circunstâncias objetivas para o alcance ou a manutenção do poder o exigirem.

Mais uma vez, podemos vislumbrar no confronto entre duas éticas o que poderíamos chamar de dimensão trágica do poder. De um lado, a ética tradicional, cristã, moralista, com pretensões universais; de outro, a ética política, de resultados, particular, eminentemente cínica. Estas duas concepções que, no limite, significam duas ordens de valores diferentes, vigentes ao tempo de Maquiavel e presentes conjuntamente no *Príncipe*, não podem se complementar; são evidentemente antagônicas, estão em uma oposição insuperável. Ao meio de seu confronto, Maquiavel faz sua escolha: é preciso advogar por uma ética política, pois só assim os objetivos se tornam maiores que os obstáculos. A *virtù* de um homem pode realmente significar o exercício do poder. O que, no fim das contas, para o autor, era o que importava desde o princípio.

---

14 Não é à toa que em 1559, o *Príncipe* foi inserido no *index librorum phohibitorum* ("índice de livros proibidos") da Igreja Católica.

15 "[6] Onde è necessário, volendosi uno príncipe mantenere, imparare a potere essere non buono et usarlo e non usare secondo la necessità." (Cap. xv).

Filosofia política, literatura e justiça trágica

Lendo Shakespeare a partir de Maquiavel

Talvez seja possível fazer uma leitura das grandes tragédias de Shakespeare a partir do pensamento político de Maquiavel. Nesse caso, estaríamos a procurar o caráter filosófico-político por trás da poesia do dramaturgo, ou seja, a buscar as questões relativas ao poder que estão subjacentes ao valor estético das peças.

Nesse caso, a expressão "política trágica" pode não ser suficientemente precisa para dar conta do fenômeno que pretendemos estudar. Seria melhor discutir a questão a partir de seu problema mais essencial, aquele recortado metodicamente por Maquiavel – fundador de uma ciência da política – na modernidade: o poder. Isso porque parece que "política" já se refere a um conjunto organizado de práticas tendentes à ordem, um conjunto contratual ou pós-contratual que se organiza após uma violência de cunho originário. A palavra poder, por seu turno, não exclui qualquer possibilidade de outra de dimensão de vida, seja anterior a um contrato social hipotético, em um estado de natureza violento e injusto, seja posterior ao contrato. O poder está presente em qualquer relação social, em qualquer hipótese comunicativa, e é nesse sentido que o investigaremos a partir de uma dimensão trágica. Já a política diz respeito à atividade na *polis*, a sua construção, as suas leis, suas instituições e governo. Em outros termos, a ideia de "poder" é mais abrangente que a palavra "política": não se esgota nesse vocábulo e abarca todo o universo de práticas do homem, ou seja, existe "poder" para além da "política".

O que propomos, neste capítulo, é fazer uma leitura de *Hamlet, Otelo, Rei Lear* e *Macbeth* a partir de quatro questões que retiramos do pensamento político de Maquiavel. Estas indagações se centram na ideia de "poder" que, como afirmamos, é conceito que explica mais práticas humanas do que a ideia de "política".

I

A primeira questão que surge, desta maneira, é investigar como operam as estruturas de poder nas grandes tragédias shakespearianas, e de que maneira o pensamento de Maquiavel pode auxiliar a compreender estas estruturas de poder.

O pensamento político de Maquiavel se preocupa, antes de tudo, em mostrar como as questões da política *são* e não em como elas *deveriam ser*.[1] É um tipo de pensamento eminentemente pragmático em que o que importa é a efetividade das ações reais dos príncipes, e não suposições teóricas de como seriam seus comportamentos ideais.[2] Neste sentido, Maquiavel escreverá sobre as circunstâncias que envolvem diretamente o poder, ou seja, sobre o verdadeiro e único objetivo legítimo dos governantes. Assim, ele analisará as formas de se conquistar o poder, de se manter no poder e de se perder o poder. Segundo Maquiavel:

> [40] É verdadeiramente coisa muito natural e ordinária desejar conquistar: e sempre quando os homens o fazem e podem serão louvados ou não censurados; porém, quando eles não podem, e desejam fazê-lo de todo modo, aqui está o erro e a censura. (Cap. III)[3]

O primeiro fator a se destacar, dentro desta lógica, é que todos os personagens principais das tragédias escolhidas para análise têm uma conexão direta com o poder, são homens de posição proeminente. Reis, príncipes, líderes militares, nobres.[4] Isso ocorre porque o ambiente no qual se desenvolvem essas peças é sempre o da nobreza. Talvez Shakespeare tenha situado as grandes tragédias

---

1 MAQUIAVEL, Nicolau. *O príncipe*. São Paulo: Hedra, 2007, p. 159.
2 *Ibidem*, p. 159.
3 "[40] È cosa veramente molto naturale e ordinária desiderare di acquistare: e sempre, quando li uomini lo fanno, che possono, saranno laudati o non biaimati; ma quando eglino non possono, e vogliono farlo in ogni modo, qui è lo errore et il biasimo." (Cap. III).
4 Respectivamente: Rei Lear, Hamlet, Otelo e Macbeth.

nas cortes porque o choque da queda do personagem principal, ou seja, o trágico que conforma o destino deste personagem, ficaria mais evidente para um público ávido por histórias sobre a vida de reis, rainhas, príncipes e nobres. E, de fato, todas as quatro grandes tragédias em tela têm como seu título o próprio nome do personagem trágico que detém o poder: *Hamlet, Otelo, Rei Lear* e *Macbeth*.

Hamlet é príncipe da Dinamarca. Depois da morte de seu pai, não herda diretamente o trono porque sua mãe, a rainha, casa-se com seu tio, Cláudio. Apesar de não ser o rei efetivo do reino, é o próximo na sucessão, como anuncia Cláudio logo no começo da peça. É preciso considerar, portanto, que mesmo que Hamlet tenha um excelente motivo para matar Cláudio, uma vez que este personagem matou o seu pai, como o fantasma do antigo rei denuncia logo no primeiro ato, esta ação representaria um regicídio. Assim, toda a discussão que encontramos na peça acerca do questionamento de Hamlet sobre a legitimidade de matar seu tio comporta, no limite, um questionamento sobre a conquista do poder. Se é verdade que *Hamlet* é uma tragédia de vingança, é também verdade que ultrapassa o gênero que finge ser. Como diz Harold Bloom: "...a vingança não é motivação suficiente para o maior herói da consciência ocidental".[5]

Cláudio, o vilão da referida peça, mata o rei Hamlet, seu irmão, para usurpar o poder político na Dinamarca. Age, no fundo, como um golpista que não mede esforços para adquirir o poder, mesmo que isso signifique cometer assassinato, repetindo, nesse caso, o ato infame de Caim. É personagem complexo que, ao longo da peça, tem uma percepção realmente maquiavélica: é preciso matar o príncipe Hamlet, caso contrário, muito provavelmente, ele tentará se vingar. Podemos ler em Maquiavel:

> [18] Pelo que há de se notar que os homens devem ser ou acalentados ou eliminados: porque caso se vinguem das ofensas leves, não podem se vingar das ofensas graves. Pois a ofensa que se faz a um homem deve ser de tal modo que não fique em condições de poder se vingar. (Cap. III)[6]

---

5   BLOOM, Harold. *Shakespeare – A invenção do humano*. Rio de Janeiro: Objetiva, 2000, p. 520.

6   "[18] Per che si ha a notare che gl'uomini si debbono o vezzeggiare o spegnere: perché si vendicano dele leggieri offese, delle gravi non possono; sì che la offesa che si fa' l'uomo debbe essere in modo che la non tema la vendeta." (Cap. III).

Otelo é famoso general, reconhecido por sua habilidade no campo de batalha e por ser homem de honra. É um líder guerreiro, comanda os soldados venezianos contra os turcos em Chipre. É a figura de poder militar da peça que leva seu nome; mas é Iago, o alferes, seu subordinado, quem detém o poder da linguagem. A peça se estrutura no ciúme doentio de Otelo por Desdêmona, sentimento que é influenciado pelo maledicente Iago. Este personagem odeia profundamente Otelo porque sentiu-se preterido em uma promoção militar que elevou Cássio ao posto de lugar-tenente do general. A tragédia é de Otelo, personagem poderoso e honrado que vai, ao longo dos atos, decaindo em virtude e valor até o ponto em que se transforma em assassino da própria esposa, que é completamente inocente das acusações que Iago lhe faz. Porém, como dissemos, se a tragédia é do mouro, Iago é, sem dúvida, o centro da peça. A Iago são atribuídos oito solilóquios, enquanto Otelo detém apenas três. É a ambição e a inveja de Iago que pautam a tragédia. Iago é assim a fórmula do anti-herói por excelência.

Iago tem a ambição de conquista de poder. Ele quer ascender na hierarquia militar. E Otelo vai, aos poucos, por se deixar flechar pelas "setas envenenadas" de Iago, perdendo a sua posição de homem honrado, proeminente, a ponto de chegar ao fim da peça completamente destituído de nobreza.[7] Suicida-se clamando que o faz como se faz a um cão, um maligno turco de turbante.

Se Lear já começa a peça como um rei que está dividindo o seu reino para entregá-lo a suas filhas, são poucos os personagens da cultura ocidental que podem rivalizar com ele em poder. Ele tem o poder político, se bem que o distribui às filhas, e o poder paterno. É um velho rei que, ao que tudo indica, foi quase como um Deus mortal no passado. *Rei Lear* é uma tragédia política e, mais que todas as outras tragédias de Shakespeare, uma tragédia familiar. Como rei, inicia a peça grandioso e dominador, terminando o último ato semi-louco e arrependido. Nenhum outro personagem do bardo transita tanto entre sentimentos tão contraditórios. Do amor às filhas à dor por sentir ódio delas; da cólera incompreensiva de um rei à loucura do autoconhecimento de um quase mendigo. Lear, antes de tudo, é um chefe de família e sente todo o peso dessa responsabilidade. Como

---

7   "LUDOVICO
De si, Otelo, que foi bom outrora,
E rebaixou-se aos atos de um escravo,
Que se pode dizer?" (*Otelo* – V.II.291-293).

um personagem essencialmente humano, Lear muitas vezes não compreende o porquê de suas próprias ações e, assim, se perde em suas próprias demonstrações de sentimento. Nunca a cólera esteve tão próxima do amor.

Maquiavel, em uma de suas lições sobre o poder, facilmente poderia analisar o erro de Lear:

> [50] Do que se tira uma regra geral, a qual nunca ou raramente falha: que aquele que faz alguém poderoso, causa a sua ruína, porque aquele poder é criado por ele ou com astúcia ou com força, e uma e outra destas duas é suspeita para quem se torna poderoso. (Cap. III)[8]

Lear é causa do poder das filhas e, por isso, depois que distribui seu reino, se mostra inconveniente para o governo ingrato delas (e de seus maridos). O velho rei é um exemplo típico de Maquiavel de um homem poderoso que, por uma inabilidade, uma falta de visão do que efetivamente está acontecendo em seu reino, perde o poder que detinha. A falha de Lear é fiar-se mais nas aparências do que na realidade. A peça se inicia com o pedido de Lear para que suas filhas demonstrem, através do discurso, o seu amor por ele. Lear não consegue enxergar, neste momento, a falsidade das filhas, Goneril e Reagan, e o verdadeiro amor da filha Cordélia. Ao dividir seu reino entre as duas filhas gananciosas, comete um erro que Maquiavel poderia facilmente apontar: é impossível manter o poder dividindo o próprio poder. O erro de Lear é o de querer manter o poder, mas tentar minimizar a responsabilidade que advém do fato de ser rei.

Macbeth é um nobre escocês, general do exército real. Apesar do proeminente cargo que ocupa como militar e, posteriormente, como barão de Cawdor, ele quer mais poder. Usurpa o trono de Duncan e, na qualidade de rei homicida, não terá mais sossego. Seu reinado é curto e repleto de sangue. Não poupou más ações para adquirir o poder, nem para nele se manter.

Lady Macbeth é uma das personagens mais curiosas de toda a literatura shakespeariana. Tão ambiciosa quanto o marido, tem participação direta no assassinato de Duncan. Não só porque instiga Macbeth a realizar o ato como

---

8   "[50] Di che si trae una regula generale, la quale mai o raro fala, che chi è cagione che uno diventi potente, ruina: perché quella potenza è causata da colui o con indústria o com forza, e l'una e l'altra di queste dua è sospetta a chi è divenuto potente."(Cap. III).

porque engana os guardas de vigia do rei, embebedando-os e posteriormente os manchando com sangue para que levem a culpa pelo crime. Consegue, efetivamente, o que deseja, demonstrando em diversas ocasiões ter um sangue mais frio do que o próprio Macbeth.

II

A segunda questão de interesse é analisar de que maneira os conceitos de *virtù* e *fortuna* de Maquiavel podem ajudar a caracterizar e compreender a construção dos personagens trágicos de Shakespeare.

Sustentaremos aqui que os conceitos de *virtù* e *fortuna*, que encontramos no *Príncipe*, podem ser muito bem aplicados para a compreensão da construção dos personagens das grandes tragédias de Shakespeare. Em outras palavras, podem servir de ferramenta para uma leitura particular das obras estudadas. Ao que nos parece, todas as personagens principais, Hamlet, Otelo, Iago, Lear e Macbeth, têm efetivamente *virtù*, já tiveram *virtù* no passado, ou perdem este atributo ao longo da peça.

Hamlet tem *virtù* se olharmos do ponto de vista de Maquiavel, mas é personagem tão grandioso que suspeitamos escapar à própria definição de *virtù*. Ou seja, há algo em Hamlet que excede o conceito: ele está para além da *virtù*. Isso porque este conceito tem algo a ver com a noção de ação. Hamlet, obviamente, não é um homem de ação, no sentido de tomar atitudes, ele é um homem de reflexão.

A personagem literária máxima no que diz respeito a *virtù* é Ulisses, de Homero, especialmente o Ulisses da Odisseia, ainda que também em alguma medida o da Ilíada. Parece que o conceito foi criado para ele. Talvez a única personagem literária da história a rivalizar com Hamlet. Suas inteligências são diferentes, no entanto. Ulisses é esperto, artimanhoso, arquiardiloso, astuto; Hamlet é o protótipo do intelectual ocidental: retrato de um filósofo quando jovem.

A *virtù* de Hamlet estaria na sua monumental capacidade intelectual, em sua maestria em lidar com a linguagem. Cada personagem que contracena com Hamlet, na peça que leva o seu nome, perde poder visivelmente em face de seu domínio da linguagem. Quanto mais Hamlet busca o assassino de seu pai, mais próximo ele está de alcançar o poder. Mas Hamlet vacila, posterga sempre o ato de matar o seu tio e, assim, atrasando a vingança do assassinato de seu pai, ao mesmo tempo, atrasa uma possível conquista do poder político. Se a *virtù* corresponde a alcançar o que se quer, Hamlet talvez tenha este atributo. Mas para alcançar o pretendido, foi necessário passar por cinco Atos de autodescoberta. Ao investigar o homicídio de seu pai, Hamlet acaba investigando a si mesmo. A peça não poderia estar mais próxima da tragédia grega.

Otelo, por seu turno, oscila de um personagem repleto de *virtù* (1º ato) para um personagem completamente destituído desse atributo (5º ato). Ele simplesmente não consegue perceber as armadilhas que Iago tece ao longo da peça. Ao mesmo tempo em que é um chefe militar, homem de sucesso, que conhece as manhas da guerra, ele é completamente ingênuo no que diz respeito aos jogos de linguagem dos homens. É um personagem que não consegue dominar a linguagem a ponto de perceber a falsidade das insinuações de Iago contra Desdêmona. Certamente, a *fortuna* que parece, no início da peça, estar ao seu lado, na medida em que se casa com uma mulher nobre, bonita e virtuosa, muda de lugar. Assim, as ações de Otelo parecem navegar ao sabor da vontade de outra personagem: Iago.

Iago tem, obviamente, *virtù*. Sabe se aproveitar do ciúme de Otelo, mas será que tem *fortuna*? É verdade que ele sabe, como ninguém, preparar ardis, tecer planos mirabolantes e diabólicos, arquitetar discursos falsos, todas as ações para chegar ao seu objetivo, mas será que ele obteve sucesso? Se tudo que ele queria era apenas acabar com a vida do mouro, ele alcançou seu objetivo. Se, além disso, ele tinha mais intenções jamais poderemos saber. De qualquer modo, se sua única pretensão era acabar com o mouro, ele nos parece uma personagem ainda mais malvada do que poderíamos supor.

Lear, ao que tudo indica, já teve *virtù* no passado. Foi rei grandioso, temerário e, sem sombra de dúvida, autoritário. No tempo da peça, no entanto, ele não consegue acertar em nenhuma de suas ações. É enganado pelas filhas com facilidade e, ao invés de ganhar mais poder, perde-o a cada ato da peça. A *fortuna* não está ao seu lado, desde que, por iniciativa própria, dividiu o seu reino.

Macbeth tem *virtù*, não há dúvida. Ele calcula, maquina, faz estratégias para alcançar o poder e chega, efetivamente, a exercê-lo. A *fortuna* que no início da peça parece estar do seu lado – as bruxas o informam que seria rei – com o passar dos atos, abandona Macbeth, que acaba exercendo um reinado curto, repleto de atribulações e encharcado de sangue.

Logo no início da peça que leva o seu nome, é anunciada claramente a *virtù* de Macbeth:

CAPITÃO
>[...] Pois Macbeth (que honra o nome),
>Ignorando a Fortuna, brande a espada
>Que, fumegando de justiça e sangue,
>Qual favorito do valor, trinchou
>O seu caminho até achar o biltre,
>Que, sem saudar e sem dizer adeus,
>Descoseu do umbigo até a goela,
>E fincou-lhe a cabeça nas ameias.
>(*Macbeth* – 1.11.15-22)[9]

Lady Macbeth, sua mulher, é personagem especial. Como mulher, Maquiavel jamais admitiria que ela pudesse ter *virtù*. Mas, na tragédia, em diversos momentos ela chega a demonstrar mais malícia para alcançar o que quer do que o próprio Macbeth, que titubeia no momento de conduzir o assassinato do rei.

III

A terceira questão de interesse seria indagar de que forma a ética política de Maquiavel, enquanto uma ética oposta à ética cristã tradicional, poderia ajudar a compreender as atitudes das personagens nas grandes tragédias de Shakespeare.

Toda tragédia shakespeariana tem um jogo de poder que se manifesta de maneira implícita (por exemplo, em *Hamlet*) ou explícita (por exemplo, em *Macbeth*). Shakespeare parece confirmar Maquiavel quando coloca em suas peças personagens que guiam suas ações de maneira completamente contrária à ética cristã. Personagens que se importam apenas com seus objetivos – em geral, conquistar o poder – e que não enxergam obstáculos morais para atingir os seus fins.

---

[9] "CAPTAIN
For brave Macbeth (well he deserves that name),
Disdaining Fortune, with his brandish'd steel,
Which smok'd with bloody execution,
Like Valour's minion, carv'd out his passage,
Till he fac'd the slave;
Which ne'er shook hands, nor bade farewell to him,
Till he unseam'd him from the nave to th'chops,
And fix'd his head upon our battlements." (*Macbeth* – 1.11.16-23).

Hamlet tem um objetivo ao longo de sua peça: descobrir se seu tio é o assassino de seu pai e, se assim for, matá-lo. Apesar da demora em realizar o ato regicida, ele arquiteta armadilhas para que Cláudio se auto-denuncie, finge estrategicamente que está louco, engana a todas as outras personagens com sua verve; em suma, faz de tudo para alcançar seu objetivo, mesmo que mate, ao longo do caminho, algumas personagens. Podemos dizer que ele é o responsável direto pelas mortes de Polônio, Guildenstern, Rosencrantz, Cláudio e Laertes e indireto da morte de Ofélia. É um herói muito diferente porque tem as características de um vilão: homicida, niilista, calculista. E é dado a gracejos, o que o aproxima perigosamente do mais maquiavélico dos personagens: Iago.[10]

Claudio, por seu turno, também demonstra ser personagem com características maquiavélicas. Seu ato fratricida o coloca no trono e, também, na cama de Gertrudes, sua cunhada, a rainha. Ao longo da peça, quando começa a perceber que Hamlet sabe que ele é um assassino, tece variadas tramas para, inicialmente, neutralizar a ação de Hamlet e, posteriormente, matá-lo. Chega a armar, inclusive, um plano contra Hamlet com os amigos de universidade deste. Depois do insucesso da tentativa de matar Hamlet, quando o envia para a Inglaterra, Cláudio arquiteta sua última cartada: um duelo de cavalheiros entre Hamlet e Laertes. Neste duelo, Hamlet não teria chance, uma vez que o florete de Laertes estaria envenenado e, além disso, Cláudio ofereceria uma taça de vinho também envenenada ao príncipe.

Iago é uma encarnação demoníaca. Segundo Bloom, "não há parte do *Inferno* de Dante que Iago não pudesse habitar, de tão vasta a sua capacidade de perpetrar o mal".[11] É, ao que nos parece, o personagem mais maquiavélico de toda a história da literatura ocidental.[12] Ele arquiteta friamente seus planos malévolos, encobre propositalmente sua própria pessoa através da dissimulação mais calculada, realiza jogos de enganos, manipula as mentes e sentimentos dos

---

10   Harold Bloom. *op. cit.*, p. 503.

11   *Ibidem*, p. 562.

12   "Mas a visão mais comum de Maquiavel, pelo menos como pensador político, é ainda a da maioria dos elisabetanos, tanto dramaturgos como eruditos, para quem ele é um homem inspirado pelo diabo para levar os homens à sua ruína, o grande subversivo, o professor do mal, *le docteur de la scéleratesse*, o inspirador da Noite de São Bartolomeu, *o original de Iago.*" (Grifo nosso) (BERLIN, *op. cit.*, p. 305.).

outros personagens, ou seja, não poupa esforços para perpetrar todo o mal que representa. Se a palavra "maquiavélico" tem um caráter negativo em quase todas as línguas ocidentais, certamente Iago faz jus a esta qualidade. Quando Verdi, já nos estertores do dezenove, musicou o drama, seu libretista, Arrigo Boito, que no mais foi fiel a Shakespeare, acrescentou um longo solilóquio de Iago, ao qual Verdi dedicou a mais complexa ária, no qual Iago professa e reitera ateísmo.

Rei Lear, por outro lado, parece escapar à moralidade cristã, porque se situa em um período pré-cristão. Nessa tragédia em que não há concessões, das doze personagens principais, oito morrem até o final da peça: Lear, Cordélia, Edmundo, Gloucester, Goneril, Regan, Cornwall e Oswald; além disso, o Bobo misteriosamente desaparece. Goneril e Regan, filhas oportunistas de Lear, modelam seu discurso de acordo com o que Lear deseja ouvir. Não são sinceras e apenas falam da "boca para fora", almejam o poder acima de todas as coisas e, quando tudo está consumado, negam abrigo ao próprio pai.

Macbeth, por fim, também é personagem maquiavélico. Mata Duncan que é, ao mesmo tempo, primo, convidado, rei e simbolicamente pai de Macbeth. Sua usurpação do trono mostra, claramente, que a vontade de poder que tem não alcança limites morais. A moralidade válida, aqui, é a da obtenção do poder, a ética política, própria dos príncipes.

Lady Macbeth é uma das personagens mais desconcertantes do universo shakespeariano. Sua ambição é gigantesca e não se limita apenas em auxiliar no assassínio do rei Duncan. Ela, de fato, produz um discurso que tende a levar Macbeth a cometer o regicídio. Conhecendo os pontos fracos do marido, Lady Macbeth vai provocá-lo a ponto dele não poder mais voltar atrás na decisão de matar Duncan. Talvez ela seja tão maquiavélica que, inclusive, utilize suas faculdades especiais de convencimento para guiar o próprio marido a cometer o mal que propiciaria o exercício do poder.

IV

Pra mim, quem manipula jamais erra.

Edmund, em *Rei Lear*, de Shakespeare

Em quarto lugar, podemos ler nas grandes tragédias de Shakespeare a tensão, enunciada no *Príncipe*, entre a aparência e a essência. No fundo, tal questão, de suma importância para Maquiavel, consiste em uma inversão. Ao contrário do que poderia se imaginar, o pensador florentino tece, ao longo do *Príncipe*, um verdadeiro elogio às aparências em detrimento da essência do comportamento do político. *Parecer*, que a primeira vista seria algo inferior a *ser*, se transforma em um atributo político positivo e até mesmo obrigatório em alguns casos. Assim:

> [13] A um príncipe, portanto, não é necessário ter de fato todas as sobreditas qualidades, mas é muito necessário parecer tê-las; assim, ousarei dizer isto: que, tendo-as e observando-as sempre são danosas, e parecendo tê-las são úteis; como parecer piedoso, fiel, humano, íntegro, religioso, e sê-lo: mas estar com o ânimo predisposto, para que, necessitando não sê-lo, tu possas e saibas ser o contrário. (Cap. XVIII)[13]

O que está por trás desta questão da aparência é a ideia de que o príncipe astuto tem que ser um grande dissimulador:

> [11] Mas é necessário saber mascarar essa natureza e ser grande simulador e dissimulador: e são tão ingênuos os homens, e tanto se sujeitam às necessidades presentes, que aquele que engana encontrará sempre quem se deixará enganar. (Cap. XVIII)[14]

Em outras palavras, é importante simular certas virtudes, esconder certos vícios, para adquirir ou se manter no poder. Ser uma pessoa verdadeira pode até ser algo agradável, mas, parecer ser verdadeiro e saber ser o seu contrário, dependendo das necessidades do momento, é atributo muito mais relevante para aqueles que estão dispostos a enfrentar o jogo político.

---

13 "[13] A uno principe adunque non è necessario avere in fato tutte le soprascritte qualità, ma è bem necessario parere di averle; anzi ardirò di dire questo: che avendole et observandole sempre, sono dannose, e, parendo di averle, sono utili; come parere piatoso, fedele, umano, intero, religioso, et essere: ma stare in modo edificato con lo animo che, bisognando non essere, tu possa e sappia diventare il contrario." (Cap. XVIII).

14 "[11] Ma è necessario questa natura saperla bene colorire et essere gran simulatore e dissimulatore: e sono tanto semplici gli uomini, e tanto ubbediscano alle necessità presenti, che colui che inganna troverrà sempre chi si lascerà ingannare." (Cap. XVIII).

Em geral, nas grandes tragédias shakespearianas, os personagens malévolos têm muito mais a tendência de dissimular, esconder suas verdadeiras intenções, do que os personagens positivos. Shakespeare constrói esses personagens de uma forma em que, justamente por agirem de maneira dissimulada, já se pode perceber suas falhas de caráter. Quem troca a essência pela aparência está, de alguma forma, dentro da lógica shakespeariana, demonstrando um caráter perverso. A aparência de ser pessoa virtuosa é sempre encarada como artimanha, como jogo de linguagem e imagem que os personagens-vilões desempenham para conseguir alcançar seus objetivos. Assim é, e aí talvez esteja o caráter moralizante das peças de Shakespeare, que estes personagens que vivem da aparência têm a tendência a serem desmascarados em sua falsidade até o fim das peças.

Esta característica de agir com um certo fingimento, no entanto, tem valores diferentes caso se trate de uma comédia shakespeariana. Nesse tipo de peça, a aparência, o fingimento, o engano, servem para propiciar o riso. Mas, nas tragédias, uma das características essenciais dos personagens malévolos é sua propensão a falsidade.

Existem, no entanto, dois personagens que escapam a esta lógica: Hamlet, nas tragédias e Falstaff nos dramas históricos. A grandiosidade destes personagens é tal, que inviabiliza uma leitura moral imediata em que os classificaríamos como bons ou maus.

Hamlet está para além da moralidade tradicional. Finge-se de louco, enganando os demais personagens como um artifício para descobrir a verdade sobre a morte de seu pai. Sua simulação de loucura, no entanto, curiosamente, serve de oportunidade para percebermos a extrema lucidez com que esta personagem efetivamente lida com a trama urdida pelo seu tio. Seus monólogos intimistas, consequentes e racionais, repletos de considerações sobre a existência, contrastam com a imagem de príncipe louco que tenta sustentar para acobertar sua investigação do assassinato de seu pai.

Falstaff, por seu turno, não só é personagem que inviabiliza uma leitura moral tradicional, mas que faz chacota de toda a forma de análise moral tradicional. Para este imenso personagem shakespeariano, todas as formas de expressão, inclusive as que partem de uma lógica bem / mal, estão a serviço de uma elaboração da linguagem simplesmente fantástica, em que a moralidade é colocada constantemente em xeque. Em Falstaff, personagem de três peças (*Henrique IV - 1ª* e *2ª parte* e *As Alegres Comadres de Windsor*), podemos ler muitas das melhores passagens do cânone shakespeariano.

Mas, voltemos à questão do confronto *aparência versus essência* nas tragédias shakespearianas.

Em *Hamlet*, Cláudio, tio, rei e padrasto de Hamlet, é dado a simular suas atitudes tendentes a neutralizar a força de Hamlet. Sua simulação é a do assassino, do vilão que sorri[15] e assim, interdita questionamentos sobre sua integridade. É preciso salientar que Cláudio é personagem maquiavélico por excelência: parecerá íntegro durante quase a peça inteira (enganando, por exemplo, Gertrudes) sendo que só é desmascarado ao fim da história.

Em *Otelo*, em contrapartida, a simulação de Iago é o próprio centro, o motivo, da tragédia. Iago parecerá a todos os leitores e espectadores das tragédias shakespearianas o personagem farsante por excelência.

É preciso, neste caso, compreender que as personagens shakespearianas foram feitas especialmente para as peças que levam o seu nome. Ou seja, se Hamlet estivesse na peça errada, digamos em *Otelo*, ele teria percebido, de pronto, as intenções de Iago. Em poucos minutos de conversa, Hamlet já teria desmascarado Iago e daí, neste caso, a tragédia não ocorreria. Por seu turno, se Otelo estivesse na peça errada, em *Hamlet*, ele jamais demoraria cinco atos para matar o assassino de seu pai. Logo no primeiro ato, Otelo já trespassaria Cláudio com sua espada. Também não teríamos tragédia...

Em *Rei Lear*, a simulação está em três personagens também malévolos: Goneril, Reagan e Edmund. Em primeiro lugar, as filhas abrem a peça fazendo declarações de amor para o pai, declarações que com o desenvolver da peça se mostrarão falsas. Elas simulam amor para poder herdar as terras que Lear promete às filhas. Se Lear fosse um rei perceptivo, ele teria constatado o que Maquiavel aponta como um dos erros mais comuns do *príncipe*: não saber identificar corretamente os aduladores. As declarações de amor feitas pelas filhas bajuladoras de Lear certamente não passam de palavras que querem agradar o rei com um intuito de receber vantagens pessoais. Não são sinceras, porém, conseguem atingir seu objetivo.

Já Edmund é um personagem mais curioso. Shakespeare compõe vários episódios em que esse personagem vai elaborar, através do solilóquio, as artimanhas

---

15 "O Villain, villain, smiling, damned villain!" (*Hamlet* – I.v.106).

para alcançar o poder. Simulará amor ao pai, fingirá ser bom irmão, bom amante, enfim, se baseará na lógica das aparências para encobrir seu caráter de vilão.

"Pra mim, quem manipula jamais erra".[16] Esta frase de Edmund, que se situa ao meio de um de seus monólogos, mostra o verdadeiro caráter de um dissimulador. Para Shakespeare, a dissimulação é um dos piores vícios que os homens podem ter.

No que diz respeito a *Macbeth*, até o assassinato do rei Duncan, Macbeth vai se desdobrar para cercar este rei de gentilezas, encobrindo sua verdadeira intenção: usurpar o trono. Parecerá prestativo, humilde, fiel e até mesmo um tanto bajulador no começo da peça, para posteriormente se mostrar quem efetivamente é. A certo momento da peça admite, prontamente, a sua falsidade:

MACBETH

>Estou pronto, e cada nervo
>Será um tenso agente desse horror.
>Vamos, mostrando ar sereno e são,
>O rosto esconde o falso coração
>(*Macbeth* – I.vii.82-85)[17]

O sistema de Shakespeare é quase sempre o mesmo quando se trata de contrapor o que os personagens fazem na aparência e o que eles querem de verdade em essência. É por meio do monólogo que podemos perceber o que se passa efetivamente nas intenções dos personagens. O monólogo interior, este falar sozinho e consigo mesmo, é o momento privilegiado para que os personagens expressem suas vontades, razões e verdades. Também é o momento, na estrutura das peças, em que os personagens produzem conhecimento sobre si mesmos, refletem sobre suas próprias consciências. É a perfeita ocasião dramática para se exporem ao público para além de suas aparências.

---

16 "All with me's meet that I can fashion fit" (*Rei Lear* – I.II.182).

17 "MACBETH
   […] Iam settled, and bend up
   Each corporal agent to this terrible feat.
   Away, and mock the time with fairest show:
   False face must hide what the false heart doth know." (*Macbeth* – I.vii.80-83).

Poder e justiça em Maquiavel

> *O terror do meu nome valerá aí pela minha presença.*
>
> Napoleão Bonaparte

É conhecida a versão do *Príncipe* de Maquiavel comentada por um de seus mais ilustres seguidores: Napoleão Bonaparte. A frase em epígrafe em que Napoleão fala sobre si mesmo e o impacto do simples mencionar de seu nome, que consta dos seus comentários ao *Príncipe*, no entanto, poderia servir muito bem ao próprio Maquiavel. De fato, o simples mencionar de seu nome já traz todo um universo de ideias pré-concebidas sobre o filósofo florentino.

Não é à toa, portanto, que o adjetivo *maquiavélico* tenha tanto impacto nos ambientes políticos. Uma série de valores, preconceitos e estratégias parece vir junto com tal designação. Não foram poucos, porém, os que tentaram reabilitar Maquiavel, transformando seu pensamento em algo mais palatável.

É curioso que uma obra de poucas páginas e com uma linguagem extremamente direta e clara, de uma clareza que, inclusive, assusta por também não comportar qualquer espécie de ingenuidade política, tenha produzido tantas interpretações diferentes sobre o seu valor.

O próprio Maquiavel reconhece, ao falar de seu livro, um estilo peculiar:

[4] Obra a qual eu não adornei e nem preenchi de períodos longos ou de palavras empoladas e magníficas, ou qualquer outro enfeite ou ornamento extrínseco, com os quais comumente muitos descrevem e adornam as suas coisas, porque desejei ou que nenhuma coisa a honre ou que somente a variedade da matéria e a importância do assunto lhe torne agradável. (Carta Dedicatória de Maquiavel ao Magnífico Lourenço de Médici) [1]

Isaiah Berlin, em seu famoso ensaio "A originalidade de Maquiavel", destaca que existiriam mais de vinte teorias principais sobre o pensamento do florentino. Teríamos a leitura de Maquiavel como um imoralista, como republicano, cientista, nacionalista, historiador e mais uma série de outras interpretações mais ou menos bem sucedidas sobre o verdadeiro significado de sua obra, especialmente sobre o *Príncipe*.

Somando a essa série de leituras, gostaríamos de apresentar uma nova dimensão do pensamento maquiaveliano, uma perspectiva, como tentamos defender em capítulo anterior, eminentemente trágica.

Para isso, porém, teremos que enxergar o *Príncipe* como obra que vai muito além de um manual de patifaria política, e Maquiavel como um pensador que não é mero "professor de maldades". Seria preciso inscrever nosso autor como um filósofo trágico e, a partir desse pressuposto, compreender porque tal posição significará um desacoplamento entre poder e justiça.

É necessário, para isto, compreender Maquiavel dentro de seu próprio tempo. Isto porque Maquiavel, apesar de ter escrito uma obra política que ainda causa impacto nos tempos atuais, era um homem de seu tempo, a dizer, da Renascença. Este período, como bem se sabe, foi um período sobretudo de transições. Mudanças profundas no modo de vida europeu ocorreram a partir século XV. Uma urbanização crescente, um crescimento do comércio e uma valorização da cultura. O Renascimento, conceito criado como oposição à Idade Média, desponta como forma de vida que modifica o plano social, econômico, cultural e

---

[1] "[4] La qual opera io non ho ornata né ripiena di clausule ample o di parole ampullose e magnifiche o di qualunque altro lenocinio o ornamento extrinseco, con li quali molti sogliono le loro cose descrivere et ornare, perché io ho voluto o che veruna cosa la onori o che solamente la varietá della materia e la gravitá del subietto la facci grata." (Carta Dedicatória de Maquiavel ao Magnífico Lourenço de Médici).

político. As crenças medievais começavam a sucumbir frente a certa emancipação da ciência, das artes e da religião. Maquiavel contribuiria com a separação da política. *O Príncipe* representa uma separação da política com relação à moral e à religião, coisa que nunca havia sido feita antes desse pensador. O que Maquiavel faz, inicialmente, é localizar no poder um objeto preciso para esta política.

Ocorre que o Renascimento será um período propício para o desenvolvimento do trágico. Do ponto de vista da cultura, dois movimentos interligados darão a tônica do período. De um lado, uma volta aos valores dos antigos gregos e romanos e, de outro, um crescente questionamento dos valores cristãos.

O pensamento de Maquiavel será representante destes movimentos que ocorrem dentro da cultura europeia renascentista. O autor, a todo o momento, retoma os antigos para compreender seu próprio tempo.

Logo na dedicatória de *O Príncipe*, Maquiavel já descreve o que se transformará em método de análise a ser empreendido ao longo de todo o livro:

> [2] Desejando, pois, oferecer-me à Vossa Magnificência com algum testemunho da minha servidão para com vós, não encontrei entre meus bens coisa à qual eu tenha mais cara ou tanto estime quanto o conhecimento das ações dos grandes homens, apreendidas por mim com uma longa experiência das coisas modernas e uma contínua lição das coisas antigas; as quais, tendo, com grande diligência, longamente refletido e examinado, e reunindo agora em um pequeno volume, envio à Vossa Magnificência. (Carta Dedicatória de Maquiavel ao Magnífico Lourenço de Médici)[2]

Maquiavel sustenta o valor de seu trabalho na experiência de vida e no estudo dos clássicos. Trata-se de um método: primeiro a afirmação conceitual, teórica, depois a comprovação com fatos históricos. Ele constrói uma máxima e, logo após, justifica-

---

2   "[2] Desiderando io adunque offerirmi alla vostra Magnificenzia con qualche testimone della servitù mia verso di quella, non ho trovando, intra la mia supellettile, cosa quale io abbia più cara o tanto existimi quanto la cognizione delle actioni delli uomini grandi, imparata da me con una lunga experienza delle cose moderne et uma continua lectione delle antiche, le quali avendo io con gran diligenzia lungamente excogitate et examinate, et ora in uno piccolo volume ridotte, mando alla Magnificenzia vostra." (Carta Dedicatória de Maquiavel ao Magnífico Lourenço de Médici).

-a em termos históricos. Ele teoriza, por assim dizer (se bem que sempre com os pés no chão), para posteriormente justificar seu argumento, suas máximas, pelos fatos histórico-políticos. Trata-se de uma escrita cujo movimento concilia teoria e prática.

Em Maquiavel, podemos encontrar uma nova dimensão para a história – ela teria um caráter pedagógico. Estudamos o passado para não repetirmos os erros dos antigos e para copiar os seus acertos. Vejamos dois trechos extraídos do *Príncipe*:

> [2] Porque, caminhando os homens sempre pelos caminhos percorridos por outros e procedendo por imitação nas suas ações, nem podendo em tudo seguir nos caminhos alheios, nem adquirir a *virtù* daqueles que tu imitas, deve um homem prudente seguir sempre pelas estradas percorridas por grandes homens, e imitar aqueles que foram excelentíssimos, a fim de que, se a sua *virtù* não os alcançar, ao menos receba deles algum aroma [...] (Cap. vi)[3]

> [14] Mas, quanto ao exercício da mente, deve o príncipe ler as histórias e nelas considerar as ações dos homens excelentes, ver como se governaram nas guerras, examinar as causas das suas vitórias e das suas derrotas, para poder fugir dessas e imitar aquelas; e, sobretudo, fazer como fez antes aquele homem excelente, que tentou imitar alguém que, antes dele, foi louvado e glorificado, e cujos feitos e ações sempre manteve junto a si [...]. (Cap. xiv)[4]

Tal posição, a da cópia dos antigos, aproxima Maquiavel de um Winckelmann, por exemplo, expoente da filosofia alemã e um dos primeiros filósofos trágicos do período moderno.

---

3   "[2] Perché, camminando gli uomini sempre per le vie battute da altri e procedendo nelle actioni loro con le imitazioni, né si potendo le vie d'altri al tutto tenere né alla virtù di quegli che tu imiti aggiugnere, debbe uno uomo prudente entrare sempre per le vie battute da uomini grandi, e quegli che sono stati excellentissimi imitare: acció che, se la sua virtù non vi arriva, almeno ne renda qualche odore [...]" (Cap. vi).

4   "[14] Ma quanto allo exercizio della mente, debbe el principe leggere le storie et in quelle considerare le actione delli uomini excellenti, vedere come si sono governati nelle guerre, examinar ele cagioni della vittorie e perdite loro, per potere queste fuggire e quelle imitare, e sopratutto fare come ha fato per lo adrieto qualche uomo excellente che ha preso ad imitare se alcuno, innanzi a lui, è stato laudato e gloriato, e di quello ha tenuto sempre e gesti et actioni appresso di sé [...]" (Cap. xiv).

Acreditamos que, junto a esta leitura necessária dos antigos que Maquiavel prescreve aos príncipes para que possam melhor compreender e governar a política, o florentino acabou sendo influenciado pelo espírito dos antigos, particularmente a construção das tragédias gregas e latinas.

No que diz respeito ao questionamento da cultura cristã, Maquiavel é enfático em diversos momentos de sua obra política. A religião dominante, a religião cristã, pode ser verdadeiro empecilho para as ações dos príncipes:

> [14] E deve-se entender isto: que um príncipe, e muito mais um príncipe novo, não pode observar todas aquelas coisas pelas quais os homens são considerados bons, sendo frequentemente necessário, para conservar o estado, agir contra a palavra dada, contra a caridade, contra a humanidade, contra a religião. (Cap. XVIII)[5]

A questão, nesse caso, não é, exatamente, que a religião cristã deva ser subtraída. Em Maquiavel, o problema da religião é que ela não dá as melhores opções para o príncipe de *virtù* exercer a dinâmica do poder.

Tanto a retomada dos antigos, quanto a crítica à religião cristã, encontradas no pensamento maquiaveliano, são características do Renascimento que propiciam uma visão de mundo trágica. Não é que estes dois elementos sejam *suficientes* para inscrever Maquiavel em uma história dos pensadores trágicos. De fato, acreditamos que em capítulo anterior já demonstramos em que sentido as ideias do pensador florentino podem ser consideradas trágicas. O que nos parece ser interessante é perceber como a cultura de fundo em que Maquiavel viveu e ajudou a escrever contribuiu para a compreensão de como foi possível um pensamento trágico nos contornos iniciais da modernidade.

Propomos, neste capítulo, a análise de três pontos que nos parecem demonstrar porque o pensamento político trágico de Maquiavel dissocia poder de justiça.

---

5   "[14] Et hassi ad intendere questo, che uno principe e maxime uno principe nuovo non può observare tutte quelle cose per le quali gli uomini sono chiamati buoni, sendo spesso necessitato, per mantenere lo stato, operare contro alla fede, contro alla carità, contro alla umanità, contro alla religione." (Cap. XVIII).

I

Em primeiro lugar, seria preciso recuperar a discussão já estudada a respeito de uma dupla ética presente no pensamento de Maquiavel.

Em Maquiavel, podemos ler duas éticas distintas: uma ética cristã e uma ética política. Ambas estão presentes em *O Príncipe*. Ocorre que Maquiavel, ao contrário do pensamento político tradicional, escolhe a ética da política como a mais adequada para os fins do poder.

A ética tradicional, cristã, está baseada em valores elevados que podem alçar os homens aos céus. O bem, a caridade, a prudência, a misericórdia e o amor fazem parte desses valores. Por outro lado, a ética política, elaborada de maneira secular por Maquiavel, não está nem um pouco preocupada com a salvação da alma. Para ele, é o exercício do poder por um governante, um príncipe, e o respectivo estabelecimento de um Estado forte que conformam os objetivos dessa outra ética, por assim dizer, política.

A justiça é, talvez, o maior dos atributos da ética tradicional cristã. O reino dos céus é reservado aos justos. O verdadeiro homem justo, aliás, não exerce este atributo diretamente para o fim de alcançar os céus. Essa finalidade deve ser alcançada de maneira pura, quase desmotivada, simples consequência de um modo de vida correto segundo essa ética.

A ética política moderna, aquela inaugurada por Maquiavel, por outro lado, tem objetivos bem específicos. O autor traça no *Príncipe* os conselhos para aqueles que almejam o poder. Tudo se passa como se o fim mais importante do poder fosse exatamente a própria manutenção do poder.

Para essa ética, evidentemente, não há a obrigatoriedade de ser justo. Poder e justiça estão plenamente dissociados. São outros os atributos, outros os motivos e outras as ações que podem levar o aspirante ao governo ao exercício do poder. É nesse sentido que o autor aconselha aos políticos, futuros príncipes, a seguir por imitação ao modelo dos antigos, a cultuar a guerra mesmo em tempos de paz, a ser um grande dissimulador, a não honrar compromissos, a fazer alianças espúrias, enfim, a fazer tudo quanto seja necessário para alcançar e se manter no poder.

Poder-se-ia resumir todos estes conselhos através da metáfora do príncipe que detém duas naturezas: um lado homem, outro, animal.

[2] Deveis, portanto, saber que são dois os gêneros de combate: um com as leis, outro com a força. [3] O primeiro é próprio do homem e o segundo dos animais. [4] Mas por que o primeiro muitas vezes não basta, convém recorrer ao segundo: portanto, a um príncipe é necessário saber bem usar o animal e o homem. (Cap. xviii)[6]

Metáfora que Maquiavel pretende ter retirado de parábola ensinada pelos antigos:[7]

[5] Esta parte foi ensinada pelos escritores antigos aos príncipes secretamente, os quais escrevem como Aquiles, e muitos outros daqueles príncipes antigos foram alimentados pelo centauro Quíron, para que sob a sua disciplina os educasse. [6] O que quer dizer ter por predecessor um meio animal e um meio homem senão a necessidade que um príncipe tem de saber usar uma e outra natureza, e que uma sem a outra não é durável. (Cap. xviii)[8]

A metáfora, figura de linguagem essencial da literatura, recurso estilístico das obras de arte, serve, neste caso, para resumir os dois grandes atributos que um príncipe de sucesso deve ter.

Lemos em Maquiavel, sobre a natureza animalesca do homem:

[7] Sendo, pois, necessário a um príncipe saber bem usar o animal, deve destes tomar por modelos a raposa e o leão: porque o leão não se defende das armadilhas e a raposa não se defende dos

---

6 "[2] Dovete adunque sapere come e' sono dua generazioni di combattere: l'uno, con le legge; l'altro, con la forza. [3] Quel primo è próprio dello uomo; quel secondo, delle bestie. [4] Ma perché el primo molte volte non basta, conviene ricorrere al secondo: pertanto ad uno principe é necessário sapere bene usare la bestia e lo uomo." (Cap. xviii).

7 Mais uma vez alusão aos antigos, no caso ao mais antigo texto literário ocidental, a *Ilíada* de Homero, que se refere ao fato de o centauro Quíron ter sido preceptor de Aquiles, Príncipe da Ftia, o mais poderoso guerreiro grego em Troia, durante sua adolescência.

8 "[5] Questa parte è suta insegnata alli principi copertamente dalli antichi scriptori, li quali scrivono come Achille e molti altri di quelli principi antichi furono dati a nutrire a Chirone centauro, che sotto la sua disciplina li custodissi. [6] Il che non vuole dire altro, avere per preceptore uno mezzo bestia e mezzo uomo, se non che bisogna ad uno principe sapere usare l'una e l'altra natura; e l'uma sanza l'altra non è durabile." (Cap. xviii).

lobos; necessita, pois, ser raposa para conhecer as armadilhas e leão para amedrontar os lobos: aqueles que são somente leão não entendem nada de Estado. (Cap. XVIII)[9]

Encontramos, nesta famosa metáfora, que nos auxilia a ler o *Príncipe* a partir de seu valor literário, os dois atributos essenciais que podem proporcionar o alcance do poder: a força e a astúcia. Estes dois atributos, obviamente, se realizam nas ações do homem de *virtù* que segue uma ética política desvinculada da ética cristã tradicional. O leão representa a força; a raposa, a astúcia. Acreditamos que todos os inúmeros conselhos que Maquiavel oferece ao político podem ser resumidos nesta metáfora do príncipe-animal que detém em si duas espécies complementares.

Ao advogar por uma ética política moderna diferente da tradicional, o florentino não requer ao exercício do poder qualquer espécie de justificação. A ética tradicional colocava a justiça como elemento que legitimava o poder. A separação entre poder e justiça operada por Maquiavel traz uma consequência de relevo: o poder não precisa ser justificado para ser válido. O pensador não reconhece uma legitimação do poder nos moldes tradicionais. O poder não *se explica, não se justifica*, como poderíamos pensar, através de qualquer mecanismo de legitimidade – *ele se exerce*. Não há, nesse caso, uma razão suficiente que pudesse autorizar esse exercício: o poder é uma finalidade em si mesma. O que determina se um governante deve ou não estar no poder são as circunstâncias factuais que envolvem o próprio exercício do poder.

A posição é cínica porque, no limite, não depende de qualquer legitimação. Tudo se passa como se a efetividade do poder legitimasse a validade do poder. Ou ainda, como se a efetividade fosse a própria validade. É o príncipe que coroa a si mesmo. O problema por trás de tal circularidade é que a manutenção do poder advém das circunstâncias práticas que tornaram possível a aquisição do poder. Temos príncipes que não precisam, nem em tese, formular justificações ou fundamentações sobre a legitimidade de seu comando.

---

9   "[7] Sendo dunque necessitato uno principe sapere bene usar ela bestia, debbe di quelle pigliare la volpe e il lione: perché el lione non si defende da' lacci, la volpe non si difende da' lupi; bisogna adunque essere volpe a conoscere e lacci, e lione a sbigottire e lupi, coloro che stanno semplicemente in sul lione, non se ne intendono." (Cap. XVIII).

A separação trágica entre as duas éticas presentes no *Príncipe* de Maquiavel, a cristã e a política, como vimos em capítulo anterior, configura a separação entre justiça e poder nos contornos iniciais da modernidade.

Para a ética cristã tradicional, temos um poder que só se justificaria se fosse justo. A política, nesse caso, ainda é ligada a ideais e valores positivos. O conceito de justiça ainda diz algo ao conceito de poder. O direito funciona, aqui, como elemento que regula a política. Em contrapartida, a ética política maquiaveliana conquistou plena independência dos valores cristãos. Ela é regulada pelo ritmo da realidade política. Poder e justiça são separados, no pensamento maquiaveliano do início da modernidade, para dar autonomia à política. O custo dessa operação, que também trouxe a independência de outras esferas da vida social, não é baixo: quem manda não precisa, necessariamente, se explicar.

II

Bom é mau e mau é bom.

Bruxas em *Macbeth* de Shakespeare

Existe um tema, em Maquiavel, que merece maior aprofundamento. Trata-se da relação entre vícios e virtudes. Tal relação pode nos ser útil, inclusive, para entendermos a separação entre poder e justiça.

É preciso salientar, em todo caso, logo de início, que a questão dos vícios e das virtudes em Maquiavel não diz respeito, como poderíamos pensar, de maneira precipitada, a uma confusão entre o bem e o mal. Não é neste nível de moralidade que a coisa toda se estrutura. O autor diferencia o bem e o mal da mesma maneira que qualquer homem do seu tempo o faria.

As virtudes a que nos referimos neste argumento não são sinônimas dos atributos do homem de *virtù*. Utilizaremos a palavra *virtude* para designar o universo de valores cristãos positivos. Aqueles que nos recomendariam aos céus. Por outro lado, o que estamos a chamar de vício, diz respeito a tudo que nega essas virtudes. Tudo que seu oposto possa desempenhar.

A grande questão, na relação vícios e virtudes, é a seguinte: dependendo da esfera de ação humana a que se referem, o vício e a virtude podem ter significados diferentes.

Expliquemos.

A esfera da moralidade e da religião, como já salientamos, se separa da esfera da política na obra de Maquiavel. O autor elabora uma autonomia da política, campo que teria regras próprias para sua operacionalidade.

Ocorre que as virtudes da moralidade e da religião podem ser verdadeiros empecilhos para a boa condução da política. Tudo se passa como se o que é virtude em uma das esferas possa se transformar em vício na outra. Um verdadeiro curto-circuito entre virtudes e vícios no qual, a depender da esfera a que nos reportemos, os valores destes também cambiariam.

Preservar a vida alheia, por exemplo, pode ser uma virtude extremamente louvável dentro de uma moralidade e religiosidade cristã. Porém, muitas vezes, na política, esse respeito à vida alheia não traz nenhum benefício à condução do poder ou, até mesmo, impede o exercício do poder pelo príncipe. O que era virtude na moralidade se mostra, assim, como um vício na política, porque não possibilita as melhores condições para a ação do príncipe.

Lemos em Maquiavel:

> [12] E ainda não se preocupe em incorrer na infâmia daqueles vícios sem os quais dificilmente poderia manter o poder; porque, se se considera tudo muito bem, encontrar-se-á algo que parece *virtù*, que seguindo-a seria a sua ruína: e alguma outra que parece vício, e seguindo-a consegue a segurança e o seu bem-estar. (Cap. xv)[10]

A justiça, enquanto valor, neste sentido, está do lado da esfera moral cristã e pode ser um incômodo para a vida política. Por outro lado, o poder, que está do lado da esfera política, pode ser exercido de uma maneira que seja um verdadeiro desrespeito à moralidade. Isso, obviamente, não é uma regra obrigatória no pensamento do autor. Apenas é muito comum que isso aconteça. De modo que, talvez seja muito louvável que um príncipe consiga exercer o poder com justiça, mas a verdade do mundo real da política é que o príncipe de *virtù* tem que saber que,

---

10 "[12] Et etiam non si curi di incorrere nella infamia di quelli vizzi, sanza e quali possa difficilmente salvare lo stato; perché, se si considerrà bene tutto, si troverrà qualche cosa che parrà virtù, e seguendola sare' la ruina sua: e qualcuna altra che parrà vizio, seguendola ne nasce la sicurtà et il bene essere suo." (Cap. xv).

no confronto entre ser justo ou injusto, a verdadeira virtude política pode muito bem ser a injustiça.[11]

Maquiavel ressignifica os conceitos de virtudes e vícios, que seriam próprios do vocabulário cristão, e introduz a política nestes termos. Deste modo, a virtude se transforma, na esfera da política, nas qualidades que fazem com que um príncipe detenha o poder. O vício, por outro lado, remete às atitudes que possam inviabilizar o exercício deste poder.

O autor analisa, no *Príncipe*, as condições factuais que podem levar o postulante ao governo a obter o sucesso desejado. Assim, o pensador verifica que a justiça pode ser muito boa para os homens comuns, mas pode servir de obstáculo para os homens públicos. No pensamento político trágico de Maquiavel, a justiça está plenamente separada da noção de poder. O poder não precisa ser justo. Aliás, se para chegar ao poder for necessário não ser justo, deve-se ser injusto para alcançar o que se quer.

III

Parece-nos que o trágico moderno herda dos antigos a dimensão conflitiva, tensa, contraditória entre o ideal e o real. Dimensão que, como já vimos, se manifesta na oposição entre necessidade e liberdade, universal e particular.

Acreditamos que esta oposição entre liberdade e necessidade, ação e resultado, possa ser lida como a própria tensão entre poder e justiça. O poder no campo do real, da liberdade, ação, vontade. A justiça no campo do ideal, da necessidade, resultado.

Maquiavel é, se assim for, um filósofo da política anti-filosófico, por assim dizer. É o primeiro a advogar, nas discussões sobre o poder, que se pautem pelo real, a *realidade efetiva das coisas como são*, e não como *deveriam ser*. Expulsando toda metafísica política pela porta da frente, propõe uma ética de resultados, uma ética política colada ao real, prática, mas cínica. A justiça nada pode dizer ao poder efetivo de homens que governam em lugares reais, a partir de princípios reais de sobrevivência política. As esperanças depositadas na filosofia política clássica ou na moralidade cris-

---

11   "[6] Assim, é necessário a um príncipe que deseja conservar-se no poder, aprender a não ser bom, e sê-lo e não sê-lo conforme a necessidade." (MAQUIAVEL, *op. cit.*, Cap. 15).

tã desaparecem prontamente no pensamento de Maquiavel: a política é para homens de *virtù*.

A justiça é *valor ideal* e deve ser perseguida por uma moralidade elevada. O poder, no entanto, como *valor real* é o que deve ser buscado no âmbito da política. A tensão trágica entre ideal e real, nos parece, pode ser traduzida na tensão entre justiça e poder. No conflito entre estas duas ordens de valores, o pensamento maquiaveliano não poderia escolher outra opção: cabe ao príncipe buscar os valores da política, ou seja, os atributos que podem viabilizar o poder.

Por outro lado, entrando pela porta dos fundos, a *fortuna*, esse conceito desregrado, indomável, também faz parte do jogo de poder, correspondendo àquilo que não podemos controlar. Nesse outro sentido, o pensamento de Maquiavel também é trágico: existe o imponderável, a sorte, o acaso e o azar a ditar, também, o futuro político dos aspirantes ao poder.

Maquiavel é bem claro com relação a isso:

> [30] Nem jamais lhes agradou aquilo que todos os dias está na boca dos sábios de nossos tempos, isto é, gozar o benefício do tempo; mas sim os benefícios da sua virtù e da sua prudência: porque o tempo traz todas as coisas, e pode conduzir consigo o bem como mal, e o mal como bem. (Cap. III)[12]

A dimensão da fortuna é sempre valorizada em Maquiavel, a ponto do autor vincular, muitas vezes, nos exemplos históricos que apresenta para explicar as estratégias do poder, o sucesso do governante ao azar ou à sorte. A fortuna, elemento que em conjunto com a ideia de *virtù*, é chave para a compreensão do pensamento do florentino, porém, não precisa ser evidentemente justa.

---

12 "[30] Né piacque mai loro quello che è tutto dì in bocca de' savi de' nostri tempi, di godere il benefizio del tempo, ma sì bene quello della virtù e prudenza loro: perché il tempo si caccia innanzi ogni cosa, e può condurre seco bene come male e male come bene." (Cap. III).

Poder e justiça em Shakespeare

> Os homens sábios, em seu fim, por saberem com brandura,
> O porquê a fala de suas palavras estava vazia,
> Não vão tão gentilmente nessa boa noite escura.
>
> *Dylan Thomas*

Existe uma dificuldade inicial em falar sobre poder e justiça na obra de Shakespeare. O autor não escreveu tratados ou ensaios sobre o assunto. O que podemos fazer é procurar na tessitura de suas peças, na armação do enredo, na caracterização dos personagens, nas metáforas e outros jogos de linguagem, elementos que apontem para uma leitura que torne possível pensar o poder e a justiça neste autor. Da mesma maneira que ele não tratou diretamente destes temas, nos parece que talvez seja possível encontrar elementos que os caracterizem através de uma análise, por assim dizer, um tanto tortuosa. Não investigaremos o poder e a justiça diretamente, nas obras em que é mais que óbvio que tenham uma dimensão política, como no caso dos dramas históricos ingleses, mas sim, através de um caminho mais sinuoso, procuraremos nas grandes tragédias os contornos de uma concepção de poder afinada diretamente pela dimensão da justiça.

Sustentamos, no entanto, que apesar desse caráter esguio com que conduziremos nossa análise das dimensões relativas ao poder e a justiça, Shakespeare foi um pensador político de primeira ordem. Sua poesia dramática explora, nas tragédias, através das deliberações e ações públicas de políticos, homens do Estado e cidadãos os problemas essenciais associados com a vida e o jogo político.¹

Isto tudo significa, sobretudo, que alçaremos o texto à dimensão de imagem. As imagens traçadas ao longo das peças têm uma capacidade de síntese fenomenal e podem nos ajudar a construir e, consequentemente, preencher de significado, a relação entre poder e justiça na obra trágica de Shakespeare. Como podemos ler em uma frase de Caroline Spurgeon:

> [...] o poeta, sem o saber, deixa a descoberto seus gostos e desgostos, observações e interesses, associações de ideias, atitudes mentais e crenças mais profundas, em suas imagens e através delas, os retratos verbais que desenha a fim de iluminar algo completamente diferente nas falas e nos pensamentos de seus personagens.²

O que está em jogo na tragédia shakespeariana, nos parece, é uma concepção em que poder e justiça se manifestam de uma maneira indissociável. O que significaria dizer, por certo, que a questão da efetividade do exercício do poder depende necessariamente de certa legitimidade que somente a justiça poderia proporcionar. A análise desta imbricação necessária aponta para nossa hipótese de que a tragédia se configura enquanto modo de pensar, sentir e representar em uma certa construção que coloca em jogo o campo do direito e o campo do político a partir de uma estrutura estética.

Nesta relação de dependência recíproca entre o núcleo estruturante da política, ou seja, o poder, e o núcleo central do direito, a justiça, podemos encontrar na obra de Shakespeare uma dimensão verdadeiramente cósmica a interferir nestes conceitos. Essa cosmologia, própria de um pensamento ainda não liberto completamente da esfera religiosa como centro, como não poderia deixar de ser, traz consigo toda uma maneira trágica de entender o mundo da vida. O conceito de justiça no período elisabetano é de uma verdadeira expressão da ordem do cosmos. Como explica Mcginn, uma espécie de justiça cósmica controla a se-

---

1   SUTTON, Sean D. e MURLEY, John A. "Poetry and Politics: An introduction and Retrospective". In: *Perspectives on politics in Shakespeare*. New York: Lexington Books, 2006, p. 2.

2   SPURGEON, Caroline. *A imagística de Shakespeare*. São Paulo: Martins Fontes, 2006, p. 14.

quência de eventos, de modo que tudo leva ao melhor. Existe um motivo maior, mais profundo, para as coisas acontecerem da maneira como acontecem.[3] Vale dizer: o que acontece, deveria acontecer. O que implica em uma visão moralizante de causalidade. O dramaturgo escrevia, em suas peças, um posicionamento em que a justiça humana refletia sua concepção de justiça divina.[4] Podemos ler em Shakespeare que quando as coisas vão mal, caminhando para a injustiça, não é somente a sociedade organizada que sai perdendo, mas tudo se passa como se a própria natureza estremecesse.

Mas claro que esse modo de pensar também implica em uma determinada moralidade específica. Shakespeare era um grande moralista neste sentido. Hazlitt, sobre o assunto, escreve que, em certo sentido, Shakespeare não era, de alguma maneira, um moralista; e, de outra forma, que ele foi o maior de todos os moralistas. Ele foi um moralista no mesmo sentido em que a natureza também é.[5] Shakespeare, como reforça Mcginn, traz a moralidade para o coração de seu drama porque a moralidade, ela mesma, é parte da natureza. É parte do que nós chamamos, comumente, de natureza humana, nossa natureza como pessoas responsáveis e autônomas.[6]

A leitura das obras do dramaturgo parece confirmar a afirmação de Rousseau: "Aqueles que tratam de política e moralidade separadamente nunca compreenderão nenhuma das duas". Com efeito, a ligação entre política e direito, em Shakespeare, passa sempre por uma moral própria da tragédia. Afinal, a moralidade é parte da natureza, se por natureza entendermos tudo aquilo que diz respeito ao mundo da vida. É curioso, nesse sentido, que Shakespeare não copia a natureza exatamente, na medida em que podemos ter, perfeitamente, príncipes que, apesar de estarem no poder, não têm qualquer legitimidade porque não estão compromissados com ideais de justiça. Shakespeare conforma a natureza,

---

3   MCGINN, *op. cit.*, p. 13.

4   SISSON, *op. cit.*, p. 2.

5   "In one sense, Shakespeare was no moralist at all: in another, he was the greatest of all moralists. He was a moralist in the same sense in which nature is one." (HAZLITT cit. por MCGINN, *op. cit.*, p. 175).

6   "He brings morality into the heart of his dramas because *morality is part of nature*. It is part of what constitutes the thing we call human nature – our nature as responsible and autonomous persons." (*Ibidem*, p. 178).

descreve o que é próprio dos homens e do mundo de modo a criar uma natureza a sua imagem e semelhança. Aqui, o termômetro do real é plenamente invertido: não lemos as obras a partir de sua comparação com o real. Mas acompanhamos o real a partir da leitura das grandes obras. Somente alguns gênios da história de uma cultura compartilhada podem tornar isso possível. Shakespeare é um deles.

É dessa maneira que, na caracterização dos personagens shakespearianos, os governantes precisam obrigatoriamente ser justos. Os personagens shakespearianos são, sobretudo, pessoas que estão imersas em um universo em que a ética comanda. Eles são definidos por suas qualidades morais, seus vícios e virtudes, sua propensão ao bem e ao mal.[7] E no caso dos governantes, é evidente que os bons governantes são aqueles que atendem o interesse da comunidade como um todo, enquanto os maus governantes correspondem àqueles que pensam apenas na dimensão de como alcançar o poder e nele se manter.

Isso traz uma exigência de caráter moral, político, jurídico e estético. Talvez mais que isso: é uma obrigação natural, pensando em natureza como tudo aquilo que pode ser útil ao homem. Na construção da degradação por que passam homens e mulheres de poder nas tragédias, Shakespeare, inevitavelmente, trata do poder e da autoridade política a partir de uma perspectiva múltipla.

A capacidade de fazer escolhas, dentro deste universo múltiplo, parece ser essencial para a correta compreensão da dimensão trágica. Os personagens shakespearianos deliberam escolhas, implementam decisões e refletem sobre as consequências de terem escolhido uma possibilidade, ao invés de outra. Todas as grandes tragédias shakespearianas lidam com o momento essencial em que a escolha é feita, tornando possível que uma complicação se estabeleça e que a peça se encaminhe para um momento de resolução. Se os personagens não são, propriamente, predeterminados, são, pelo menos, predispostos a certas escolhas devido a suas personalidades e à influência das circunstâncias.[8]

O trágico, em sua perspectiva moderna, shakespeariana, assim o é porque ao meio de uma profunda liberdade de ações individuais, escolhemos sempre o caminho errado. O que não significa que não sejamos responsáveis por nossos

---

7   *Ibidem*, p. 178.

8   ALVIS, John E. "Shakespearean poetry and politics". In: *Shakespeare as Political Thinker*. Wilmington: ISI Books, p. 4.

atos. No mundo elisabetano, estamos em um universo essencialmente cristão, no qual o princípio do livre-arbítrio é de suma importância.[9] O que ocorre é que a essência da política, que podemos dizer está em nossa capacidade de escolha, ou seja, nas nossas ações, pode ser diretamente conectada à essência do trágico. O dispositivo trágico também opera na dimensão de um mundo de escolhas. A questão é que ao meio da multiplicidade de ações, o trágico sempre aponta para a fatalidade. Esse é, de certa maneira, o caráter triste e inexorável da política, representado pela dimensão da fortuna, deusa desregrada e contingente.

Na tragédia shakespeariana, se seguirmos os ensinamentos de A. C. Bradley, o que encontraremos é que os atos dos heróis, de certa maneira, contribuem sempre para a sequência de atos que resultará no desastre final. Tudo se passa como se eles mesmos fossem autores de seu próprio infortúnio. A escolha por uma determinada ação encaminha para outra, sendo a sua causa, e ao final do encadeamento de ações, temos o desastre.[10] Como elucida Bradley:

> A catástrofe é, basicamente, a reação ao ato abatendo-se sobre a cabeça do agente. É um exemplo de justiça; e a ordem que, presente tanto dentro dos agentes como fora deles, faz com que ela se cumpra infalivelmente, é, portanto, justa. O rigor da sua justiça é terrível, sem dúvida, pois a tragédia é uma história terrível; mas a despeito do medo e da compaixão, conta com a nossa aquiescência, porque nosso senso de justiça é satisfeito.[11]

Discordamos, no entanto, profundamente, da leitura de Bradley quando diz que é um erro chamar a ordem do mundo trágico de justa. Para este autor, qualificar de "justo" o mundo trágico seria utilizar tal palavra de uma maneira vaga, não explicada. Está certo que, devido ao fim trágico, os personagens podem não receber, efetivamente o que merecem. Cordélia, Desdêmona e Ofélia, por exemplo, são vítimas de profunda injustiça na ordem de suas respectivas peças. Porém, a tragédia vai se desenvolver, exatamente, em torno desta injus-

---

9 HELIODORA, Barbara. *Reflexões Shakespearianas*. Rio de Janeiro: Lacerda editores, 2004, p. 122.
10 BRADLEY, *op. cit.*, p. 8-9.
11 BRADLEY, *op. cit.*, p. 22.

tiça. O ato do herói que põe em movimento a sequência de eventos que culminarão no final trágico o responsabiliza e, ao mesmo tempo, introduz a injustiça na lógica da peça. É somente ao fim da tragédia, depois de inúmeras mortes, intrigas, lutas pelo poder, brigas familiares, que Shakespeare vai providenciar um desfecho em que a ordem e a justiça voltam a prevalecer. Como tentamos defender em diversos momentos deste trabalho, é uma certa ideia de trágico que organiza o mundo da política e do jurídico de maneira conjunta, portanto, reconhecemos, sim, uma ordem justa a servir de horizonte final nas tragédias de Shakespeare. Claro que isso não vai significar um final feliz, na medida em que se tratam de tragédias, mas, pelo menos, apontará para um final em que a justiça foi restabelecida e o poder volta, de alguma maneira, a obedecer o direito, ou seja, a ter uma legitimidade.

HAMLET

Os homens selvagens que roubaram e cantaram o sol na altura,
E aprenderam, tarde demais, que o lamento toma sua via,
Não vão tão gentilmente nessa boa noite escura.

Dylan Thomas

Lacan conta, em um de seus seminários, que em 1881, um certo Winting teria descoberto finalmente a verdade sobre *Hamlet*. O personagem principal seria, na verdade, uma mulher disfarçada de homem, e teria como objetivo seduzir Horácio. A peça, em sua trama, seria a história das investidas de Hamlet para conquistar, a qualquer custo, o coração de Horácio.[12]

Brincadeiras à parte, esta sublime interpretação da maior tragédia shakespeariana, pelo menos, nos alerta para uma das características mais marcantes de seu texto: *Hamlet* é um poema infinito. A cada leitura, a cada leitor, a cada encenação nós temos um *Hamlet* diferente. O texto de *Hamlet* se revela assim um pródigo palimpsesto. Desde a sua primeira exibição até os dias de hoje, milhares de interpretações, das mais variadas procedências e qualidades, tentaram explicar o que há de singular nesta peça que constrói, por assim dizer, o personagem paradigmático da modernidade.

---

12   LACAN, Jacques. *Hamlet por* Lacan. Campinas: Escuta/Liubliú, 1983, p. 15.

Podemos dizer que a última fala de Hamlet, na peça que leva o seu nome, devidamente descontextualizada, talvez possa servir para comparar esta tragédia com toda a literatura ocidental: "O resto é silêncio". Não são poucos os críticos que consideram esta a maior obra da literatura ocidental. E estes críticos, ao que nos parece, têm bons motivos para isso.

Não é apenas o fato de *Hamlet* ser a peça mais conhecida do mundo e conter um dos solilóquios mais citados na história – "Ser ou não ser, essa que é a questão" – que torna esta obra única. Existem elementos textuais e dramáticos que fazem com que esta tragédia seja uma explosão de sentidos. Isso se dá, talvez, porque como aponta Harold Bloom, conhecido entusiasta da obra de Shakespeare, uma das características essenciais de Hamlet é a *consciência*. Trata-se do personagem mais consciente e atento de toda a literatura, nos ensina Bloom.[13]

Para os fins de nosso estudo não tentaremos realizar a tarefa hercúlea de empreender uma arqueologia das interpretações de *Hamlet*, ou mesmo providenciar uma interpretação geral sobre a referida peça. O que pretendemos é, em poucas páginas, desenhar as relações entre poder e justiça por meio de uma chave de interpretação trágica em *Hamlet*.

É preciso lembrar, antes de tudo, que *Hamlet* está inserido dentro da literatura que ficou conhecida como Tragédia de Vingança (*Revenge Tragedy*). É óbvio que *Hamlet* transcenderá qualquer gênero dramático-literário que possamos utilizar para classificá-la, ou seja, a peça ultrapassa a Tragédia de Vingança. No entanto, ela está inserida no *contexto* deste gênero de tragédia, muito comum ao tempo de Shakespeare.

As tragédias de vingança têm, em geral, algumas características muito próprias. Em primeiro lugar, temos um crime que precisa, através da figura do vingador, ser de alguma maneira esclarecido. O vingador é o personagem principal da peça, e o personagem a ser vingado foi morto de alguma maneira injusta. A demora em perpetrar a vingança é própria do ritmo da peça, ou seja, a ação começa, no primeiro Ato, com a informação de que o personagem principal deverá vingar alguém, terminando com a vingança consumada. O protagonista tenta de diversas maneiras, ao longo da peça, realizar uma vingança que lhe foi praticamente exigida pelas circunstâncias injustas na qual se deu a morte do personagem morto querido.

---

13   BLOOM, *op. cit.*, p. 503.

Além destas características, acreditamos que possamos elencar elementos que produzem uma relação entre direito e poder na estrutura deste tipo de tragédia específica.

O vingador exercerá sua ação em virtude da injustiça feita por um personagem que é o vilão da peça. Assim, vingar significa, de alguma maneira, mais do que estabelecer um equilíbrio de ofensas, mas propiciar a justiça em um ambiente que, justamente por causa do crime do vilão, se mostra seriamente corrompido. As questões privadas, familiares, que envolvem a Tragédia de Vingança, se mostram, ao mesmo tempo, questões públicas, na medida em que, em geral, os personagens do enredo são nobres, reis e príncipes. O que significa dizer que a justiça privada de alguma maneira estará, nestas peças, imbricada com a justiça de caráter público.[14]

É preciso lembrar que, em *Hamlet*, o protagonista precisa vingar o seu pai, que na qualidade de fantasma aparece para ele, porém, deve fazê-lo à custa de matar o seu tio, que é o novo rei da Dinamarca. Em outras palavras, como Hamlet é o príncipe do reino, sua atitude de vingança, caso mate o seu tio, significaria um regicídio e, assim, por vontade própria ou não, uma maneira de conquistar o poder político, na medida em que ele é o próximo na sucessão. Claro que, do ponto de vista do justo em uma Tragédia de Vingança, não teríamos maiores problemas para aceitar a justiça desta ação. Isso porque o poder que está nas mãos de Cláudio é visivelmente ilegítimo na medida em que ele o conquistou através do assassinato do antigo rei, seu irmão. Portanto, Cláudio é um regicida, um usurpador, um Caim. Hamlet tem todo o direito, de acordo com a justiça natural das Tragédias de Vingança, de matar Cláudio.

Outro aspecto interessante é perceber como uma vingança acaba por acionar outra vingança. Como Hamlet mata Polônio e é responsável, ao que tudo indica, pela loucura e posterior morte de Ofélia, Laertes sente-se no direito de vingar o pai e a irmã. Laertes também é um vingador, apesar de ser um personagem secundário da trama e, ao que nos parece, também tem bons motivos para executar sua vingança. Vale dizer, qualquer um percebe que seu clamor por justiça é visivelmente válido. Mas nós, os leitores e espectadores, no entanto, torcemos (nos identificamos com) por Hamlet...

---

14   Analisaremos as relações entre o público e o privado em *Hamlet* em um capítulo à parte.

Mesmo o jovem Fortimbrás, que somente colherá os mortos e o poder na Dinamarca nas últimas falas do último Ato da peça, também é movido pela lógica da vingança. Ele quer vingar seu pai que havia perdido uma disputa para o pai de Hamlet e, de quebra, ganhar o poder do reino.

A relação de Hamlet com Cláudio, ou seja, a condição de possibilidade da execução da vingança na peça é das mais intrincadas. Lacan, por exemplo, afirma que Cláudio é uma forma de Hamlet, na medida em que realiza o seu desejo mais íntimo. Tomando o Édipo como paradigma, trata-se de matar o pai e dormir com a mãe. A ação que Hamlet secretamente desejaria, no fundo, já teria sido realizada por Cláudio. Teríamos, para Lacan, certa fraternidade, então, entre estes dois personagens tão opostos. Por terem os mesmos desejos, iguais em querer, Hamlet seria quase como que um cúmplice de Cláudio. O que Cláudio faz seria o que Hamlet gostaria de fazer.

Para nós, ainda pensando em *Hamlet* como um drama do desejo, acreditamos poder ler, no papel de Cláudio, como padrasto do príncipe, o desejo deste em matar o pai. Atitude das mais próximas a Hamlet, das mais corriqueiras, uma vez que este personagem, como podemos perceber, repete Édipo. O padrasto faz o que Hamlet, apesar de desejar, jamais fará: dormir com Gertrudes. É nessa medida em que se dará a famosa demora de Hamlet em empreender a vingança. Matar Cláudio significa matar o pai, na medida em que este é seu substituto.

Mas é preciso perceber que o personagem Hamlet sofre de um deslocamento. Este deslocamento se torna muito pior porque o personagem tem a consciência disso, e não sabe como se livrar desta situação. Parece que Hamlet se quer um personagem trágico grego. Assim, o estado das coisas se mostraria de tal modo determinado que ele não teria outra opção a não ser aceitar os desígnios do destino. A dor de Hamlet vem de sua própria consciência. A percepção que, diferentemente das tragédias clássicas, nessa tragédia que funda a mentalidade renascentista, o homem se vê como centro das coisas. Para essa nova possibilidade de pensamento, destituída do fatalismo determinista clássico, o homem-herói talvez possa mudar seu próprio destino. Daí a dor de Hamlet. Gostaria que sua consciência não o perturbasse a ponto de relativizar toda forma de ação. Que todas as interferências do homem consciente no mundo da vida não se tornassem irrelevantes para o mundo da linguagem. Hamlet gostaria de não ter percebido que o mundo da vida é o mundo da linguagem.

O personagem está numa peça que parece que não lhe pertence. Daí Elsinore, e por extensão todas as falas da obra, parecerem verdadeira prisão para ele. É uma prisão espacial e temporal. Temporal porque ele gostaria que tudo já estivesse resolvido, determinado. A sua dor vem da própria percepção de que ele faz a diferença. Não é à toa que Hamlet demora cinco Atos para completar a sua tarefa de vingança contra o assassino de seu pai. A questão é que, por quatro Atos, vingar ou não seu pai, tem uma importância diminuída em face das considerações sobre a existência que o espírito desprendido pode fazer. Esse desprendimento, que torna possível a autoconsciência no homem que persegue a sua própria existência e se vê aprisionado por ela, se degenera em outra forma de desligamento: a do homem que não cabe dentro de sua própria história. Do personagem que está na peça errada. Melhor, do personagem que percebe que está em uma simples peça de teatro.

Nesse sentido, Hamlet se distancia dos heróis clássicos gregos. Se por um lado, Édipo agoniza por procurar um culpado que é ele próprio, fundando a autoconsciência na cultura ocidental da maneira mais dolorosa possível, por outro, não somos levados a pensar, em nenhum momento, que aquela não tenha sido a história destinada para esse personagem. Que seu desfecho não tenha sido perfeitamente de acordo com a vontade dos deuses. Que a história de sua vida, apesar de angustiante, não tenha sido a mais apropriada. Isso porque Édipo não questiona a essência da natureza das coisas, Édipo é de um tempo sem filosofia. Hamlet, no entanto, que parece herdeiro direto dessa culpa ancestral indizível que os heróis devem carregar, não aceita as coisas como essas se lhe apresentam. Seus questionamentos são por demais grandiosos para poder se ver tranquilo em face da ausência completa de respostas satisfatórias.

A verdade é que o domínio da palavra, que é magistral em Hamlet, é a sua própria armadilha. É justamente porque consegue perceber a insuficiência das respostas aos seus questionamentos, e porque identifica o mundo da vida com o mundo da linguagem, que Hamlet consegue apreender o absurdo de nossa própria existência, a incompletude no estado das coisas. Aí chegamos ao ponto. Talvez a prisão de Hamlet não seja tanto os limites de Elsinore, ou o fato de ser protagonista de uma história que não lhe seja suficiente. Talvez a prisão de Hamlet seja a prisão da linguagem.

Interessante pensar dessa maneira, uma vez que Hamlet deve ser um dos personagens que mais domina a linguagem na literatura ocidental. Não é à toa que a sua autoconsciência lhe doa tanto.

HAMLET
>Ah, que jumento eu sou! Isso é indecente,
>Que eu, filho de um pai assassinado,
>Chamado a agir por anjos e demônios,
>Qual meretriz sacie com palavras
>Meu coração, co'as pragas das rameiras
>E das escravas!
>(*Hamlet* – II.II.548-553)[15]

Apesar do interesse em ler *Hamlet* como um Édipo Rei moderno, existe uma diferença crucial entre estes dois personagens trágicos. Édipo, o herói antigo, não sabe que é o próprio assassino que procura. Em outras palavras, nesta que é a primeira história de detetive de que se tem notícia, que a investigação leva ao culpado e que, este culpado é o próprio detetive, podemos encontrar o conhecimento através do sofrimento.

E, no entanto, enquanto Édipo *não sabe*, não tem conhecimento do que está ocorrendo e, também, não se conhece suficientemente, a mesma desculpa não será possível para Hamlet. Hamlet é o personagem que *sabe*. Tudo se passa de tal maneira em que, ao contrário da proposição "No sofrimento, conhecimento", passemos a pensar: "No conhecimento, sofrimento", como vimos anteriormente neste trabalho. Este curto-circuito, que Shakespeare faz para tornar possível um personagem da dimensão de Hamlet, funciona da seguinte maneira: a autoconsciência do personagem é tão profunda, que conhecer e saber sobre si mesmo pode levar ao caminho do sofrimento.

Se levarmos a sério a relação entre querer e poder nas tragédias, veremos que, em *Hamlet*, o personagem que *pode* porque, no fundo, *quer*, vai sustentar tal posição na dimensão mais essencial do ser. O que se *quer* é o que se é. Tomando o solilóquio "Ser ou não ser, essa é que é a questão" para além de um cálculo sobre

---

15 "HAMLET
>Why, what an ass am I! This is most brave,
>That I, the son of a dear father murder'd,
>Prompted to my revenge by heaven and hell,
>Must like a whore unpack my heart with words
>And fall a-cursing like a very drab,
>A scullion! Fie upon't! Foh!" (*Hamlet* – II.II.578-583)

a validade do suicídio, o que Hamlet parece estar propondo é o equacionamento de sua ação a partir de seu ser.

Este herói do pensar consigo mesmo, agirá somente na medida em que consiga dar um sentido próprio para sua ação. Bloom comenta que, de certa maneira, "... na magnitude da peça, hesitação é sinônimo de consciência". Fernando Pessoa expõe uma visão sobre a relação entre pensar e agir: "Só quem nunca pensou chegou alguma vez a uma conclusão. Pensar é hesitar. Os Homens de acção nunca pensam".[16]

Hamlet é, obviamente, um personagem que pensa e, neste sentido, hesita. Vejamos como Nietzsche coloca o problema:

> O conhecimento mata a atuação, para atuar é preciso estar velado pela ilusão – tal é o ensinamento de Hamlet e não aquela sabedoria barata de João, o sonhador, que devido ao excesso de reflexão, como se fosse por causa de uma demasia de possibilidades, nunca chega à ação, não é o refletir, não, mas é o verdadeiro conhecimento, o relance interior na horrenda verdade, que sobrepesa todo e qualquer motivo que possa impelir à atuação, quer em Hamlet quer no homem dionisíaco.[17]

É curioso, nesse caso, que Hamlet, o herói da consciência do mundo ocidental, tenha que se fingir de louco na maior parte da tragédia para poder, efetivamente, elaborar seus comentários mais lúcidos sobre a existência.

E é após todo um universo de questionamentos, toda uma estratégia para investigar a culpabilidade de seu tio Cláudio, que, no 5º Ato, Hamlet será capaz de exercer a justiça trágica. Cláudio merece, por vários motivos, a pena que Hamlet irá lhe impor. Ele matou o antigo rei, é, portanto, um regicida, é preciso que a justiça dos homens o alcance. Ele matou o irmão, portanto, qual Caim, merece uma punição de uma justiça divina. Ele engana Gertrudes, mãe de Hamlet e todos os demais personagens com suas mentiras: é um ator que manipula a linguagem e assim maquia sua falsidade. Hamlet coloca ordem nas coisas, providencia a justiça, quando mata este personagem vilão.

---

16 PESSOA, Fernando. *Livro do Desassossego*, v. 1. (Organização e Livro de inéditos de Teresa Sobral Cunha.) Coimbra: Presença, 1990, p. 244.

17 NIETZSCHE, Friedrich. *O nascimento da tragédia ou helenismo e pessimismo*. São Paulo: Companhia das Letras, 2006, p. 56.

Como nas outras tragédias de Shakespeare, o poder, exercido de maneira ilegítima porque originado de uma usurpação, não pode ser justo. Assim, Hamlet, enquanto vingador, é o próprio instrumento de justiça que vai possibilitar a queda de Cláudio e, portanto, a substituição do governante como necessidade de uma justiça trágica.

OTELO

Os homens bons, ao adeus, gritando como a alvura
De seus feitos frágeis poderia ter dançado em uma verde baía,
Raiva, raiva contra a morte da luz que fulgura.

Dylan Thomas

Stendhal conta uma história curiosa sobre uma apresentação de *Otelo* em Baltimore, em agosto de 1822. O escritor relata que um soldado que estava de sentinela no interior do teatro, ao ver que Otelo, no quinto Ato da tragédia, ia matar Desdêmona, teria gritado: "ninguém poderá dizer que em minha presença um negro maldito matou uma mulher branca!".[18] Tomado de fúria, o soldado teria subido ao palco e quebrado o braço do ator que representava Otelo.

O soldado não conseguiu fazer uma diferenciação entre o real e a representação. Por outro lado, a postura deste soldado reflete algo que é marcante na história das interpretações de *Otelo*. Nesta peça, ninguém se confunde, a inocência de Desdêmona é tão evidente que as ações do mouro e a perfídia de Iago agridem, profundamente, nosso senso de justiça.

Otelo é uma peça sobre o mal. Em nenhuma das outras peças temos tantas referências ao demônio, ao inferno, ao fogo, ao diabo, ao cheiro de enxofre. Os personagens, a todo o momento, utilizam estas palavras para tentar delimitar o bem e o mal. Para que se tenha uma ideia de como estas referências aparecem ao longo do drama, é interessante notar que logo na Cena I, do primeiro Ato, temos quatro referências diretas ao diabo e ao inferno. Todas saídas da boca de Iago. A tradutora de Shakespeare que utilizamos, Barbara Heliodora, parece conseguir um excelente resultado quando coloca no primeiro verso da primeira fala de Iago a palavra "diabo".

---

18   STENDHAL. *Racine e Shakespeare*. São Paulo: Edusp, 2008, p. 90.

Iago é a encarnação do mal. As referências a sua capacidade de maledicência e de atos imorais são inúmeras. A última fala da peça, inclusive, dita por Ludovico, após a descoberta de que Iago havia planejado toda a trama, caracteriza, pelo nome, quem é este personagem: "este demônio". Essa personagem contrasta abertamente com a inocência de Desdêmona que é, em diversas passagens da tragédia, comparada à divindade, ou que suas qualidades contêm em si a graça divina.

É interessante perceber, neste sentido, que Otelo, por não perceber que está sendo enganado, usa os adjetivos errados para falar sobre Iago e Desdêmona. Ele inverte as palavras e nesta inversão fica clara a sua cegueira com relação à verdade sobre estas personagens. Assim, Iago é o honesto Iago, o fiel Iago, o justo Iago. Desdêmona, é a rameira, a desonesta, a infiel, a puta. Tudo isto culmina, na falta de visão do mouro, até o momento em que Otelo dá uma bofetada em Desdêmona e usa uma única palavra para defini-la: "Demônio!".

Otelo não domina a linguagem. Talvez esta seja a sua principal culpa. Ele mesmo admite esta sua fraqueza: "Rude eu sou de fala".[19] Ele não entende a linguagem elaborada, a arte da sugestão. A única arte que domina é a da guerra. E não é no campo de batalha que Iago desafia Otelo. O terreno em que se dará o conflito é o da linguagem. É aí que Otelo é enganado. Para muitos comentadores de Shakespeare, enganar pela linguagem é o pior de todos os vícios. E esta arte de enganar, de sugerir o que não se deve, de silenciar nos momentos exatos e aconselhar de maneira maldosa na hora certa, é a arte de Iago.

Otelo, no começo da peça, antes de sua queda, é homem do qual ninguém suspeitaria de sua *virtù*. Ele se refere a si mesmo com orgulho:

OTELO

Meus feitos, títulos, minh'alma íntegra,
Hão de falar por mim.
(*Otelo* – I.II.32-33)[20]

A transformação se dá aos poucos ao longo dos atos da peça. Do homem que faz um discurso sobre o amor sincero entre marido e mulher, até a declaração

---

19 "Rude am I in my speech" (*Othelo* – I.III.83).
20 "OTHELLO
    My parts, my title and my perfect soul
    Shall manifest me rightly." (*Othelo* – I.II.31-32).

de que se suicida como mataria um turco maligno de turbante. A imagem é clara. De general a serviço de Veneza, ele se transforma no inimigo, no turco maligno que desrespeitou um veneziano.

Na passagem dos atos, quanto mais Otelo acredita em Iago, e, portanto, mais injusto se mostra, menos poder e *virtù* parece ter. Seus problemas privados, o ciúme doentio por Desdêmona, se tornam mais importantes do que cuidar da ordem pública. Não é à toa que, ao fim da peça, o poder fique com Cássio. Esta personagem também sofreu injustiças por parte de Otelo, que chega, inclusive, a tramar sua morte. Porém, é o personagem que será capaz de reestruturar Chipre e, desta forma, pacificar a desordem de acontecimentos, a tragédia pela qual passa a ilha.

Harold Bloom sustenta que o foco da peça é Iago, apesar do título ser: *Otelo – o mouro de Veneza*. Sustenta tal posição porque verifica que Iago tem muito mais falas do que Otelo. Além disso, acrescentaríamos, ele tem mais monólogos (o que certamente o coloca no rol das personagens principais shakespearianas) do que o próprio Otelo ao longo da peça e aparece em quase todas as cenas.

Iago, personagem que cuida da linguagem como ninguém, no entanto, não vence, nem perde ao fim da peça. Ele não conseguiu ficar muito tempo no lugar de Cássio como tenente de Otelo, o que certamente desejava. Porém, conseguiu plenamente destruir o mouro. Se o ódio que tinha ao mouro era maior que seu desejo de poder não temos como saber. O fato é que sua maldade apontava para fazer o que fosse necessário para alcançar seu objetivos – assumir posição proeminente em Chipre e destruir a vida do mouro.

Shakespeare, aliás, parece colocar Otelo e Iago como personagens parecidas no que diz respeito às paixões que manifestam, de maneira evidente, na tragédia. Otelo é envenenado pelo ciúme, Iago, pela inveja. Paixões que, poderíamos dizer, são conexas, próximas.

Este ciúme desmedido de Otelo aparece na injustiça que comete contra Desdêmona. O argumento de Iago a sustentar que ela é desonesta é muito mais elaborado do que parece à primeira vista. Em princípio, o que convence o mouro de que Desdêmona é infiel é o enredo em torno do lenço que ele havia dado para ela e que estaria na posse de Cássio. Algo que comprovaria, dentro da mente de um ciumento maior, a traição.

No entanto, nos parece que o argumento central é outro. Tudo se passaria da seguinte maneira: a prova de que ela não é uma mulher correta é o fato de ela estar... com você! O argumento coloca as coisas de um modo em que, por Otelo ser negro, por ser rude, por ser um guerreiro, por não ser veneziano, tudo indicasse que se ela o escolheu seria porque ela mesma não prestasse. Interessante que o personagem parece ter internalizado tanto o preconceito pelo fato de ser negro e mouro convertido que a principal acusação para com Desdêmona é justamente o fato de ela amá-lo. Ora, certamente ela não seria pura, pensa Otelo, uma vez que está com alguém como ele! Assim, todos os argumentos que levariam à inocência de Desdêmona se degeneram, através da influência retórica de Iago, em motivos que comprovariam, ainda mais, a traição daquela personagem. O argumento é poderoso porque volta Otelo contra seus próprios medos e preconceitos que ele internalizou. Como dizem, a todo momento, o pai de Desdêmona, Brabantio, e Iago: é contra a natureza que Desdêmona ame o mouro. Vejamos como enuncia esta questão o pai de Desdêmona:

BRABANTIO
> [...] Sim, para mim.
> Ela me foi roubada, e corrompida
> Por drogas, sortilégios de ciganos
> Pois errar de tal modo a natureza
> (Sem ser deficiente, cega ou falha)
> É impossível sem mágica.
> (*Otelo* – I.III.60-65)[21]

Iago, por seu turno, enunciará a questão da natureza de Desdêmona de outro modo. Ela, por ser completamente diferente de Otelo em cor, procedência e costume, *naturalmente* trairia o mouro.

---

21 "BRABANTIO
   [...] Ay, to me:
   She is abused, stolen from me and corrupted
   By spells and medicines bought of mountebanks,
   For nature so preposterously to err
   Being not deficient, blind or lame of sense,
   Sans witchcraft could not" (Othelo – I.III.60-65).

IAGO
>Esse é o problema, se ouso dizê-lo.
>Pois recusar tantos partidos bons,
>De sua terra, compleição e grau,
>Para os quais apontava a natureza –
>Isso tresanda a capricho bem vil,
>Anomalia suja, e antinatural.
>Mas, perdão, não me vejo em posição
>De falar dela assim, embora tema
>Que o seu desejo, pensando melhor,
>Recaia sobre alguém de seus costumes,
>E se arrependa.
>(*Otelo* – III.III.233-243)[22]

Otelo, sem perceber, acaba internalizando o preconceito dos outros e imaginando que sua própria mulher também pensa mal dele. A questão é complicada porque o argumento mais forte deveria ser o do início da peça:

OTELO
>Ela me amou porque passei perigos,
>E eu a amei porque sentiu piedade.
>Foi essa toda a mágica que usei:
>Lá vem a dama, que ela o testemunhe.

---

22   "IAGO
Ay, there's the point: as, to be bold with you,
Not to affect many proposed matches
Of her own clime, complexion and degree,
Whereto we see, in all things, nature tends –
Foh! one may smell in such a will most rank,
Foul disproportion, thoughts unnatural.
But pardon me, I do not in position
Distinctly speak of her, though I may fear
Her will, recoiling to her better judgement,
May fall to match you with her country forms,
And happily repent." (*Othelo* – III.III.232-242).

(*Otelo* – I.III,170-174)²³

Porém, Otelo não escutará Desdêmona mais. Sua mente está por demais possuída pela maldade que Iago incutiu. Sua cor, que não havia sido objeto de questão no momento do casamento, reaparece como um fantasma para ele, que acaba estendendo o preconceito dos outros para a sua própria mulher.

OTELO
[...] Quiçá por ser eu negro,
E faltar-me a arte da conversa
Dos cortesãos, ou por estar descendo
Para o vale dos anos – mas nem tanto –
Ela foi-se, ofendeu-me, e o meu alívio
Tem de ser odiá-la.
(*Otelo* – III.III.268-273)²⁴

É verdade que a injustiça nesta peça, que tem um caráter de alegoria moral,²⁵ atenta contra a natureza. Mas, não da maneira como Otelo a percebe, enganado pelas palavras do maledicente Iago. A natureza se convulsiona porque a inocência mais pura, representada por Desdêmona, a honradez mais virtuosa, representada por Otelo, sucumbirão, respectivamente, à morte e à decadência nesta peça em que o ciúme, esta paixão que cega, dá as cartas. É comum, nas audiências

---

23 "OTHELLO
She loved me for the dangers I had passed
And I loved her that she did pity them.
This only is the witchcraft I have used:
Here comes the lady, let her witness it." (*Othelo* – I.III,168-171).

24 "OTHELLO
[...] Haply for I am black
And have not those soft parts of conversation
That chamberers have, or for I am declined
Into the vale of years – yet that's not much –
She's gone, I am abused, and my relief
Must be to loathe her." (*Othelo* – III.III.267-272).

25 "The play is thus a moral allegory. For another, Othello is Man in the abstract, Iago is the Devil, and Desdêmona is Divinity. Iago is thus pure and absolute malignity or evil, the spirit of denial. So the play is a theological allegory." (SISSON, *op. cit.*, p. 29.).

de hoje, encontrarmos certa desaprovação para com a figura de Otelo. Ele seria culpado de sua própria nobreza, pois, sem enxergar a maldade, não teria percebido a dissimulação de Iago. O mouro termina animalescamente, contrapondo à imagem de homem honrado e valioso com que inicia a peça.

O jogo de poder explícito na peça é bem delimitado. Otelo é personagem grandioso, esplêndido em poder e glória no início da tragédia. Sua fala inicial perante os venezianos, fala em que narra de que maneira conquistou Desdêmona, é de uma beleza e nobreza ímpar. Quanto mais se deixa levar por Iago, ao longo dos atos, mais vai se transformando em uma personagem viciada, terminando a peça como assassino de Desdêmona. Sua queda, sua degeneração, cresce na medida em que ele se torna cada vez mais injusto e cego com relação ao que acontece efetivamente. Iago, por sua vez, detém outra forma de poder: o poder da linguagem. Neste sentido, essa personagem, que exerce a arte da sugestão, é poderosa também. Seu poder, no entanto, não pode resistir à lógica moral de Shakespeare. O final da peça é um desmascaramento. Iago será efetivamente visto como é. Mesmo esse poder menos evidente, o da linguagem, deve ser justo para obter o sucesso. Poder e justiça caminham juntos no direito natural que Shakespeare nos propõe. Otelo, então, por agir injustamente com Desdêmona, perde o poder e a vida, como todos os personagens trágicos shakespearianos. Iago, curiosamente, não perde a vida. Porém estará morto da mesma maneira. Esse mestre do mal que também é mestre da linguagem perderá o que sabe fazer de melhor: a arte da comunicação. Sepultado em vida por não poder mais falar e, mais ainda, o que é quase o mesmo para ele, não poder mais exercer a dissimulação e o engano. Assim, sua última fala é, também, verdadeiro suicídio para uma personagem que vive da maledicência:

IAGO

Não me perguntem. O que sabem, sabem.
Não falo nunca mais, de ora em diante.
(*Otelo* – V.II.303-304)[26]

Mas é preciso, ao pensar esta peça como uma alegoria, identificar, mais uma vez, o mal, a injustiça, o erro, ou seja, investigar e caracterizar melhor essa

---

26 "IAGO
Demand me nothing. What you know, you know.
From this time forth I never will speak word." (*Othelo* – V.II.300-301).

personagem construída de maneira magistral. O adjetivo usado inúmeras vezes para descrevê-lo não poderia estar mais distante de sua natureza: o *honesto* Iago. Logo após uma dessas inúmeras vezes pela qual é chamado de honesto,[27] adjetivo que não lhe cabe, Iago diz: "Quem diz que meu papel é de vilão?".[28]

A fala, no entanto, não aponta para qualquer dúvida. Iago sabe perfeitamente o jogo sutil e maldoso que está tecendo. Sabe que sua intervenção junto à mente de Otelo é maldosa e aceita sua condição de fingidor. Seu caso, portanto, é o do cinismo mais puro. O que o leva a dizer:

IAGO

[...] Todos devem parecer

O que são, ou então não parecê-lo.

(*Otelo* – III.III.128-129)[29]

A frase, mais uma das enganações de Iago para denegrir Cássio e Desdêmona, é absurdamente cínica se pensarmos que está sendo dita pelo personagem que é mestre na dissimulação. Ela entra em contraste com a Cena I do Ato I em que Iago se apresenta, praticamente, ao público. Momento em que enuncia sua concepção de ser e parecer.

IAGO

[...] Finjo só pros meus fins.

Quando o que eu faço revelar aos outros

O aspecto e os atos do meu coração

No exterior, hão de me ver em breve

A carregar na mão o coração

Pra dar aos pombos: não sou o que sou.

(*Otelo* – I.i.60-65)[30]

---

27   "Good-night, honest Iago." (*Othelo* – II.III.329).

28   "And what's he then that says I play the villain?" (*Othelo* – II.III.330).

29   "IAGO
[...] Men should be what they seem,
Or those that be not, would they might seem none." (*Othelo* – III.III.129-130).

30   "IAGO
But seeming so, for my peculiar end,
For when my outward action doth demonstrate
The native act and figure of my heart

Interessante construção esta *não sou o que sou*. Ela implica em uma partição do indivíduo, para não parecer contraditória. De um lado, o aspecto profundo do indivíduo, o que ele é de verdade. De outro, a aparência, o que ele é de mentira. Pois é nesse aspecto profundo que Iago é uma personagem má. Ser alguma coisa qualquer, aliás, diferente do que se parece, nesse caso já seria um evidente desvio de caráter. O homem virtuoso aparenta exatamente aquilo que é. Mas, para Iago, ser homem virtuoso é uma brincadeira que não deve ser levada a sério: "Virtude? Ora, pílulas!".[31]

São curiosas, portanto, as últimas palavras de Otelo, antes de seu suicídio. Elas apontam para uma correspondência total entre ser e parecer. Além disso, o caracterizam como culpado por seus atos, se bem que por total inabilidade nas coisas do amor. A tragédia não poderia ter um desfecho mais perfeito:

OTELO

Falem de mim qual sou. Não deem desculpas,
E nem usem malícia. Falem só
De alguém que, não sabendo amar, amou
Demais.
(*Otelo* – V.II. 343-346)[32]

REI LEAR

Não vás tão gentilmente nessa boa noite escura,
Os velhos deveriam arder e bradar ao fim do dia;
Raiva, raiva contra a morte da luz que fulgura.

Dylan Thomas

In complement extern, 'tis not long after
But I will wear my heart upon my sleeve
For daws to peck at: I am not what I am." (*Othelo* – 1.i.59-64).

31 "Virtue? A fig!" (*Othelo* – 1.III.320).

32 "OTHELLO
Speak of me as I am. Nothing extenuate,
Nor set down aught in malice. Then must you speak
Of one that loved not wisely, but too well;" (*Othelo* – V.II. 340-342).

Rei Lear é a história de um rei que sobrevive depois de morto politicamente. Ao entregar seu reino às filhas e, assim, perder o poder efetivo, ele já não vive mais como rei. É obrigado a testemunhar o que ocorre com o reino após sua morte em vida. Não gosta do resultado.

A peça começa com a divisão do reino que Lear irá realizar. Pensa em dividi-lo em três partes, uma para cada uma de suas filhas. Tudo indica que é um rei poderoso, a quem contrariar não é bom negócio. Bloom destaca como Lear começa a peça como um patriarca sublime.[33] Sua atitude de dividir o reino pode ser entendida como uma espécie de justiça distributiva.

Porém, essa atitude coloca Lear em uma posição completamente insustentável: ser rei, sem ser rei. Ele mesmo diz:

LEAR

> [...] Nós só manteremos,
> De rei, o nome e a pompa; mas o mando,
> As rendas e a execução do resto,
> São vossos, caros filhos.
> (*Rei Lear* – I.i.134-138)[34]

À pompa não acompanha, no projeto de fim de vida de Lear, o exercício efetivo do poder. O engano não poderia ser maior. Para os valores que Shakespeare constrói para o contexto deste drama, nos parece, existia uma indissociabilidade entre direitos e deveres, sendo assim completamente impossível se manter como rei apenas no nome e nos privilégios, sem arcar com os deveres inerentes ao cargo.

Mas o grande erro de Lear talvez não seja exatamente dividir o reino. A grande injustiça que comete é não saber interpretar corretamente quem são as suas filhas de verdade. Tal erro de julgamento o levará, ao longo da peça, a um processo de aprendizagem através do sofrimento. A perspectiva trágica shakespeariana cobrará de Lear, em seu processo de descoberta de si, a dimensão da justiça pelo seu engano inicial no reconhecimento do caráter das filhas.

---

33   BLOOM, *op. cit.*, p. 591.

34   "LEAR
  [...] only we shall retain
  The name, and all th'addition to a king: the sway,
  Revenue, execution of the rest,
  Beloved sons, be yours..." (*King Lear* – I.i.136-138).

O tratamento que dispensa às filhas, aliás, apesar de dizer abertamente que dividirá o reino de maneira igualitária é completamente parcial. Cordélia, a caçula, é, em diversos momentos do texto, encarada como a filha predileta. No "show de despedida do poder ",[35] Lear faz verdadeiro leilão do amor filial. Pede que as filhas expressem em palavras, em um discurso, o amor que têm por ele. Enquanto as filhas mais velhas, Regan e Goneril, tecem elogios artificiais, Cordélia se vê aflita porque não pode mentir, tem dificuldade de mostrar seu amor assim em palavras, e, ao mesmo tempo, tem de dar conta da exigência do rei que quer escutar um discurso de amor incondicional. Cordélia, então, sem artifícios acaba por dizer:

CORDÉLIA
   [...] A vós eu amo
   Nem mais nem menos do que é meu dever.
   (*Rei Lear* – 1.i.90-91)[36]

O tratamento desigual entre as filhas que, ao início da peça, parecia apontar para uma distribuição do melhor dote para Cordélia, acaba se voltando contra esta filha que, devido à ira de Lear por não estar satisfeito com o discurso da caçula, acaba por bani-la. Regan e Goneril, semelhantes nos discursos amorosos vazios e na natureza malévola e fria, dividem então o reino entre si. Interessante, neste sentido, que estas irmãs, que não são gêmeas, parecerão, ao longo da peça, terem os mesmos defeitos. Ambas negarão abrigo ao pai, se apaixonarão pelo mesmo homem, Edmund, têm sede de mais poder, temem os caprichos de Lear e morrerão ao mesmo tempo na peça. Uma fala de Regan denuncia este caráter gêmeo entre estas irmãs:

REGAN
   Sou do mesmo metal que minha irmã,
   E de igual mérito.
   (*Rei Lear* – 1.i.66-67)[37]

---

35   HELIODORA, *op. cit.*, p. 343.

36   "CORDELIA
   [...] I love your majesty
   According to my bond, no more nor less." (*King Lear* – 1.i.92-93).

37   "REGAN
   Sir I am made of that self mettle as my sister,
   And prize me at her worth." (King *Lear* – 1.i.69-70).

A injustiça de Lear com relação à Cordélia é gritante. Ela é a filha que mais o ama. A ação do rei em banir e retirar o dote desta filha constitui um erro contra a própria natureza, que espera que um pai seja paciente e amoroso com os filhos. Lear também erra ao tratar as filhas de maneira desigual no começo da peça, quando Cordélia ainda era a preferida. Se age de modo desmesuradamente rigoroso com Cordélia, sua predileta, o que não poderia fazer as outras? O rei é um personagem caprichoso. Tanto isso é verdade que França assim dispõe:

FRANÇA
>[...] É muito estranho
>Que aquela até há pouco preferida,
>Motivo de louvor, seu grande apoio,
>A melhor, a mais cara, em um instante
>Cometa crime atroz que desmantele
>Tal teia de favores.
>(*Rei Lear* – 1.i.213-218)[38]

Lear mesmo vai dizer uma frase para Cordélia que chega a ser absurda do ponto de vista do capricho:

LEAR
>[...] Melhor seria
>Não nasceres do que não me agradares.
>(*Rei Lear* – 1.i.233-234)[39]

Para mostrar que a má leitura da natureza dos filhos não é exclusiva de Lear, Shakespeare traça um enredo paralelo. Gloucester também será injusto com

---

38 "FRANCE
   [...] This is most strange,
   That she who even but now was your best object,
   The argument of your praise, balm of your age,
   The best, the dearest, should in this trice of time
   Commit a thing so monstrous, to dismantle
   So many folds os favour." (*King Lear* – 1.i.214-219).

39 "LEAR
   [...] Go to, go to, better thou
   Hadst not been born than not to have pleased me better." (*King Lear* – 1.i.235-236).

o seu filho natural, Edgar, dando ouvidos em demasia a seu filho antinatural (concebido pelo adultério) Edmund.

É interessante perceber, tanto em *Rei Lear* quanto nas demais tragédias, que existia, ao tempo de Shakespeare, uma concepção de justiça no universo sublunar em que indivíduo, Estado e natureza estavam interligados. O direito natural proclamava que os abalos dos laços familiares teriam consequências políticas, sociais e naturais. Em *Rei Lear*, talvez possamos ler estas conexões de uma maneira mais evidente do que nas demais tragédias.

Lear, octogenário, é homem, rei e pai. Não pode escapar desta tripla condição. E é exatamente a degeneração desta tripla condição que trará o caráter trágico desta personagem. Ele perde o posto de rei quando delega o poder às filhas. Logo após, perde o posto de pai quando as filhas lhe negam abrigo. E termina por perder o posto de homem quando enlouquece e perde o que caracteriza o homem e suas ações: a razão. No entanto, toda esta perda advém das próprias ações deste personagem. Suas ações iradas e seus excessos são o próprio motivo de seus infortúnios.

A situação, completamente contrária à natureza, é imageticamente elaborada na cena da tempestade que ocorre no meio da peça. É a natureza em desarranjo. A tempestade representa a natureza sendo questionada e a loucura se estabelecendo na mente de Lear. Não é sem motivos que no momento exato em que se ouve o som da tempestade que está por vir, um trovão, a fala seguinte de Lear é: "Bobo, eu enlouqueço!".[40]

Aliás, é preciso discutir a função deste bobo ao meio da tragédia. Ele é no mínimo curioso, porque suas falas não causam risadas, por certo. É, por assim dizer, um bobo meio sem graça, se bem que demonstra ser extremamente inteligente. Talvez, inteligente demais. Há quem diga que sua função é servir de consciência para Lear. O bobo pode falar coisas diretamente para o rei que as outras personagens não podem. O Bobo é o rei pensando sobre suas próprias ações. O que significa que o bobo tem uma função muito clara na peça: expressar os pensamentos que o próprio Lear não consegue enunciar conscientemente.

No auge da injustiça das filhas mais velhas contra Lear, ele se vê mendigo, louco, quase nu, sozinho com seu Bobo (ou seja, consigo mesmo) a enfrentar a tempestade – é o abalo da própria natureza que está sendo contrariada.

---

40   "O fool, i shall go mad." (*Rei Lear*, II.II.475).

A relação entre o enredo e o enredo paralelo se mostra especialmente interessante para pensarmos como o poder é estruturado imageticamente dentro da lógica da tragédia. Lear não troca uma única fala com Edmund. O mais puro sentimento, Lear, não tem nada a dizer com a mais pura frieza e indiferença, Edmund. Além disso, podemos traçar um paralelo entre Lear e Edgar. O velho rei e o novo jovem rei. Edgar, logo no início da peça, devido às intrigas de Edmund, tem que descer à servidão, à baixeza, ao fingimento da loucura, à nudez. Lear, por seu lado, começa a peça grandioso. Porém, ao longo dos atos, os destinos dos dois parecem se cruzar de tal modo que Edgar terminará rei e Lear morto em estado de semi-lucidez, após os mais variados sofrimentos. Inclusive, no meio da peça, na tempestade, os dois se encontram e imageticamente trocam de posição, simbolizada pelo despimento de Lear.

O poder, na estrutura da peça, começa nas mãos de um velho rei acostumado a ter suas ordens obedecidas e, ao que tudo indica, cansado do fardo de usar a coroa. Quando o poder sai de suas mãos e migra para suas maldosas filhas, Goneril e Regan, a injustiça começa a reinar e o próprio Lear é alvo da tirania das filhas, temerosas, talvez, que ele queira o poder de volta. De qualquer modo, ao negar abrigo a Lear, deixando-o frente à tempestade, elas contrariam o direito natural. Seus poderes, se por um lado são legais, na medida em que advêm da própria vontade soberana de Lear, por outro, começam a se delinear como não legítimos, pois contrariam o direito da natureza. Está certo que Lear, em seu capricho, também atenta contra o direito de natureza. Ele nega e bane sua filha Cordélia injustamente. Mas o erro de Lear, de forma alguma, desculpa o erro de Goneril e Regan: negar abrigo ao próprio pai. O mecanismo trágico se delineia como consequência de ações antinaturais. Filhos que negam pais, pais que negam filhos, filhos bastardos, adultérios, tudo isso encaminha para o final trágico.

Como as filhas de Lear não governam de maneira justa, suas falas na peça apontam sempre para a ganância e ambição, seu poder não poderá prevalecer na estrutura da tragédia. Shakespeare, em seu esquema moralizante em que o poder deve ser justo para ter legitimidade e operar, deixa claro que não basta receber o poder de uma forma legalmente válida, por algum mecanismo de transmissão juridicamente estabelecido, mas o governante deve exercer seu poder de maneira eminentemente justa. Em outras palavras, Shakespeare considerava que a legalidade poderia estar separada da legitimidade e no confronto hipotético entre estes dois conceitos, sem dúvida, o dramaturgo penderia para a dimensão da legitimidade.

MACBETH

Os homens graves, perto da morte, enxergam com olhar que perfura,
O olho quase cego a brilhar como meteoro, então, cintilaria,
Raiva, raiva contra a morte da luz que fulgura.

Dylan Thomas

A mais tétrica das tragédias de Shakespeare também é uma obra a respeito do poder e, principalmente, da ambição desmedida pelo poder. Lemos, tradicionalmente, a personagem principal, Macbeth, como o símbolo máximo do homem de *virtù* cuja ambição completamente desmedida acaba por torná-lo rei, mas que exerce o governo de maneira completamente inglória. Tanto isso é verdade que a palavra "tirano" chega a ser usada 17 vezes contra Macbeth na segunda parte da peça.[41] A tirania, como bem sabemos, consiste no exercício do governo para além do direito. E, no caso de Macbeth, esta tirania se dá porque usurpou o poder, conquistando sua posição por meio de assassinatos sórdidos, friamente calculados. As ações injustas de Macbeth não podem levar, de forma alguma, ao bom governo. Isto porque quando o governante alcançou o poder de maneira criminosa e, para nele se manter, também dispôs de outras ações malignas, certamente está mais preocupado com sua posição e *status* do que com o bem estar geral da comunidade.

Lendo Shakespeare, podemos perceber que a função da política enquanto apenas a manutenção própria do poder, como poderíamos entender a posição maquiaveliana, é insuficiente para um entendimento em que a justiça legitima esse poder. Macbeth não é um governante legítimo, não conquistou o poder de maneira natural, pois matou o rei, nem, ao exercer o governo, se preocupa com qualquer questão relativa à comunidade. Poder e justiça, em Shakespeare, estão imbricados na ideia de trágico e, portanto, Macbeth jamais poderia se manter no poder por muito tempo.

Mas talvez seja o caso de discutir algumas passagens da peça, algumas imagens, alguns aspectos, para compreendermos em que sentido a dimensão do poder está vinculada à noção de justiça nesta tragédia shakespeariana.

Comecemos pelas bruxas que aparecem logo no início da peça.

---

41 HELIODORA, *op. cit.*, p. 335.

Existia, para os espectadores da época, um verdadeiro fascínio pelo sobrenatural. Bruxas ainda eram queimadas em praça pública, e o imaginário do público elisabetano era repleto de histórias de fantasmas e profecias. As três bruxas que aparecem logo no início do 1º Ato da peça vaticinam que Macbeth conquistará honrarias e chegará ainda a ser rei. Também avisam Banquo, amigo de Macbeth, que este será pai de uma longa sucessão de reis. As bruxas não têm o poder de mudar o rumo das coisas, como qualquer pessoa pode perceber, mas, no entanto, podem ajudar a influenciar o personagem a tomar uma determinada atitude. Ao falar certas verdades, podem levar o homem a fazer o mal. Banquo enuncia isso:

BANQUO
[...] É estranho;
Muita vez, pra levar-nos para o mal,
As armas do negror dizem verdades;
Ganham-nos com tolices, pra trair-nos
Em questões mais profundas
(*Macbeth* – I.III.116-120)[42]

Macbeth, após a predição das bruxas, quase não consegue se conter de tanta ansiedade. Podemos perceber isso e o início de suas ideias regicidas se o confrontarmos com Banquo. Este não estremece ao ouvir falar do futuro de seus descendentes, o que mostra, de certa maneira, que Macbeth talvez já nutrisse anteriormente sonhos ambiciosos e negros. Acreditamos que as bruxas não levam Macbeth ao crime, mas é a sua vontade maldosa e ambiciosa de poder, inscrita em sua alma, que o faz um assassino regicida.[43] De qualquer modo, o que nos parece ser relevante é que o papel do sobrenatural em Shakespeare relembra, a todo o momento, os espectadores de que existe uma instância superior de justiça. Essa

---

42 "BANQUO
[...] But's tis strange:
And oftentimes, to win us to our harm,
The instruments of Darkness tell us truths;
Win us with honest trifles, to betray's
In deepest consequence." (*Macbeth* – I.III.122-126).

43 "Ou essa ideia não era nova para ele, ou ele havia pelo menos acalentado algum sonho menos digno, ainda que vago, cuja recorrência imediata no momento em que ouviu a profecia revelou-lhe uma apavorante transgressão íntima." (BRADLEY, *op. cit.*, p. 264).

instância não pode ser alterada, se bem que possa ser acessada pelos homens, basta, para isso, nos lembrarmos do papel do fantasma em *Hamlet*. O sobrenatural informa os homens de que existem forças infernais e forças divinas em constante embate, mas que ao fim, levam à trilha da justiça.

É contra essa instância superior de justiça que Macbeth vai se debater. Para alcançar o poder, cumprindo a predição das bruxas, Macbeth vai matar o rei Duncan, transgredindo, ao mesmo tempo, as leis humanas, divinas e naturais. Em um período em que a lei determinava que a traição ao rei fosse um dos maiores crimes, a mera cogitação de Macbeth em matar o rei já seria encarada como algo contrário ao direito dos homens.[44] Além disso, é preciso lembrar que o Rei Duncan, que no momento do assassínio é hóspede de Macbeth, é também primo de Macbeth e, pela idade, simbolicamente representa um verdadeiro pai. O assassinato cometido por Macbeth, então, também seria um parricídio e, consequentemente, entendido como contrário às leis da natureza e às leis divinas.

Mas é preciso compreender Macbeth como um personagem complexo, e suas ações e falas como reflexo de um personagem cindido, no qual o bem e o mal coexistem, levando ao processo trágico.[45] A primeira fala de Macbeth na peça talvez seja uma chave para entender esta personagem. Ao comentar o clima da região em que se encontra com Banquo, nos momentos anteriores à visão das bruxas, Macbeth diz: "Dia tão lindo e feio eu nunca vi." (1.III.34).

Momento em que a percepção do clima exterior revela algo sobre o clima interior do personagem? Como se ao falar sua primeira frase da peça, ele já revelasse o seu potencial autorreferencial, como poderemos perceber no desenrolar da tragédia.

Este clima sombrio, que é o clima do reinado de Macbeth, por sinal, aparece em diversas imagens no texto e pode nos ajudar a entender melhor a relação estrutural entre a linguagem, as imagens e a concepção de poder e justiça em Shakespeare.

Nenhuma peça de Shakespeare tem uma atmosfera tão tétrica, com uma quantidade tão grande de cenas noturnas e a referência constante às trevas como metáfora do mal, do terror, da injustiça e da morte. Vejamos uma passagem muito conhecida de um monólogo de Lady Macbeth que vale, pela força do texto, ser transcrito por completo:

---

44   O monarca era o eterno corpo espiritual do reino, o ataque a ele era um ataque a nação.

45   HELIODORA, *op. cit.*, p. 323.

LADY MACBETH
    [...] É rouco o próprio corvo
    Que anuncia a fatídica chegada
    Do rei à minha casa. Vinde, espíritos
    Das ideias imortais; tirai-me o sexo:
    Inundai-me, dos pés até a coroa,
    De vil crueldade. Dai-me o sangue grosso
    Que impede e corta o acesso do remorso;
    Não me visitem culpas naturais
    Para abalar meu sórdido propósito,
    Ou me fazer pensar nas consequências;
    Tornai, neste meu seio de mulher,
    Meu leite em fel, espíritos mortíferos!
    Vossa substância cega, onde andar,
    Espreita e serve o mal. Vem, deusa noite!
    Apaga-te na bruma dos infernos,
    Pra não ver minha faca o próprio golpe,
    E nem o céu poder varar o escuro
    Para gritar-me "Para! Para!"
    (*Macbeth* – I.v.36-52)[46] (grifo nosso)

---

46   "LADY MACBETH
    [...] The raven
    himself is hoarse,
    That croaks the fatal entrance of Duncan
    Under my battlements. Come, you Spirits
    That tend on mortal thoughts, unsex me here,
    And fill me, from the crown to the toe, top-full
    Of direst cruelty! Make thick my blood,
    Stop up th'access and passage to remorse;
    That no compunctious visitings of Nature
    Shake my fell purpose, nor keep peace between
    Th'effect and it! Come to my woman's breasts,
    And take my milk for gall, you murth'ring ministers,
    Wherever in your sightless substances
    You wait on Nature's mischief! Come, thick Night,

O assassinato do rei Duncan, que também se dá na noite, é assim descrito:

LENOX

A noite foi inquieta. Onde dormia,
O vento derrubou as chaminés;
E dizem que no ar gemeu a morte,
Profetizando em tons assustadores
Terríveis combustões e desatinos
Paridos de má hora. A ave aziaga
Piou a noite inteira. E a Terra, dizem,
Tremeu de febre.

MACBETH

A noite foi terrível

LENOX

Minha memória jovem não lhe iguala
Nenhuma outra

MACDUFF

Horror, horror, horror
Língua nem coração podem dizê-lo!

MACBETH, LENOX

Mas o que houve?

MACDUFF

O caos realizou sua obra-prima!
O assassino sacrílego arrombou
O templo do ungido do senhor,
Roubando a sua vida!
(*Macbeth* – II.III.45-60)[47]

And pall thee in the dunnest smoke of Hell,
That my keen knife see not the wound it makes,
Nor heaven peep through the blanket of the dark,
To cry, 'Hold, hold!'" (*Macbeth* – I.v. 38-54).

47 "LENOX
The night has been unruly: where we lay,

O que ocorre, em *Macbeth*, é uma construção imagética extremamente complexa, se bem que, ao mesmo tempo, altamente eficaz. Somente teremos dois momentos de luz, dia, clareza, nesta peça que compara metaforicamente a maldade à escuridão e a justiça à luz: no fim do 1º Ato, quando o rei está se encaminhando ao castelo de Macbeth, em que se fala de andorinhas e, ao fim da peça, quando Macbeth, o rei usurpador é morto.

A atmosfera, neste caso, conforme as imagens que Shakespeare vai traçando, é construída de uma maneira em que a luz está reservada para o poder legítimo e as trevas ao poder tirânico. Esses dois momentos de claridade, nesta peça que é sobretudo noturna, apontam para uma dimensão em que existia justiça ao tempo do rei Duncan e, ao fim da tragédia, com a morte de Macbeth, a justiça vai voltar a imperar sob o comando de um novo rei. Sugerimos, portanto, que a construção da imagética do clima nesta tragédia implica em uma certa concepção muito própria de Shakespeare a respeito do poder e da justiça. O poder, se legíti-

> Our chimneys were blown down; and, as they say,
> Lamentings heard i'th'air; strange screams of death,
> And, prophesying with accents terrible
> Of dire combustion, and confus'd events,
> New hatch'd to th'woeful time, the obscure bird
> Clamour'd the livelong night: some say, the earth
> Was feverous, and did shake.
> MACBETH
> [...] 'Twas a rough night.
> LENOX
> My young remembrance cannot parallel
> A fellow to it.
> MACDUFF
> O horror! Horror! Horror!
> Tongue nor heart cannot conceive, nor name thee!
> MACBETH, LENOX
> What's the matter?
> MACDUFF
> Confusion now hath made his masterpiece!
> Most sacrilegious Murther hath broke ope
> The Lord's anointed Temple, and stole thence
> The life o'th'building!" (*Macbeth* – II.III.53-68).

mo, é justo, e corresponde em *Macbeth* à luz; se ilegítimo, é injusto, e corresponde às trevas. É por isso, por exemplo, que Lady Macbeth pode afirmar sobre o futuro assassinato do rei Duncan, antes de ser realizado: "Mas jamais verá o Sol tal amanhã." (I.V.60). O sol, que o rei Duncan não verá, é o mesmo sol que se retirará da peça. O brilho de justiça e legitimidade do poder que se extinguirá com a sua morte e a ascensão de Macbeth ao poder.

Há outra fala de Macbeth que pode explicar esse mecanismo de passagem entre o claro e o escuro. Trata-se de um momento, anterior ao assassinato do rei, em que Macbeth tece seu plano, mas ainda não o efetivou. É um daqueles momentos brilhantes, cujas imagens que Shakespeare constrói podem elucidar toda a contradição de um homem de valor que se envereda pelos caminhos do mal.

MACBETH
[...] Apaga, estrela,
Pra luz não ver os meus desígnios negros.
(*Macbeth* – I.IV.51-52)[48]

Ao "apagar a estrela", Macbeth está prontamente se encaminhando para a trilha do mal. Neste mal, a dimensão do assassinato, não cabe luz. É uma escolha deliberada. A partir daí, sabemos qual será o desenrolar da tragédia. Macbeth se afundará cada vez mais em sua maldade e, assim, se por um lado, ganha o comando, por outro, perde o brilho. Se em Otelo toda a questão é perder a reputação e ser diminuído enquanto homem, em Macbeth, a questão é perder a alma.[49]

Mas Macbeth não é uma estrela solitária nesta tragédia funesta. Ele compartilha, se bem que mais nos primeiros atos, com Lady Macbeth, a ambição de conquistar a coroa. Apresentaremos algumas interpretações que nos parecem ser interessantes sobre o papel de Lady Macbeth na peça e, posteriormente, rearranjaremos estes mesmos argumentos de modo a produzir uma leitura que dê conta da complexidade da mulher de Macbeth.

A crítica tradicional, em geral, enquadra Lady Macbeth como um ser verdadeiramente demoníaco. Hazlitt, por exemplo, sobre essa personagem escreveu:

---

48 "MACBETH
[...] Stars, hide your fires!
Let not light see my black and deep desires..." (Macbeth – I.IV.50-51).

49 HELIODORA, *op. cit.*, p. 334.

"Ela é uma grande mulher maldosa, a quem nós odiamos, mas a quem nós tememos mais do que odiamos".[50]

Akira Kurosawa, que além de cineasta genial era um estudioso de Shakespeare, em seu *Trono Manchado de Sangue*, sua versão cinematográfica de *Macbeth*, sugere que Lady Macbeth seria a grande responsável pelos crimes de Macbeth. A abertura do filme e o seu desfecho contém os mesmos dizeres:

> Olhe este lugar desolado, onde existiu um majestoso castelo, cujo destino caiu na rede da luxúria do poder, onde vivia um guerreiro forte na luta, mas fraco diante de sua mulher que o induziu a chegar ao trono com traição e derramamento de sangue. O caminho do mal é o caminho da perdição e seu rumo nunca muda.

No filme, podemos ver a maneira através da qual a personagem feminina vai envenenando os ouvidos de Macbeth, de modo que ele se torna cada vez mais paranoico e cruel ao longo da tragédia. Muitas vezes ela sugere algo que fará com que Macbeth tenha que tomar alguma ação, mas não completa o que quis dizer, de modo que, através do silêncio, Macbeth tenha que pensar e interpretar as pequenas sugestões que ela lhe oferece.

Barbara Heliodora nos chama a atenção para a ideia de que Lady Macbeth tem uma função na peça: ela serviria de *alter ego* de Macbeth. Representaria sua inclinação ao crime e à usurpação. Afinal, ela conhece bem demais o próprio marido. Tanto isso seria verdade que, com um Macbeth cada vez mais negro, mais autorreferente, Lady Macbeth vai perdendo a sua função no desenrolar da peça ao meio dos planos ambiciosos de seu marido.

Sisson, por outro lado, ressalta como em quase nenhum lugar da literatura podemos enxergar uma imagem de intimidade e confidência mútua entre marido e mulher como vemos em *Macbeth*.[51] Afinal, quantas vezes não teve Lady Macbeth que apoiar e influenciar o marido para realizar o plano?

---

50 "She is a great bad woman, whom we hate, but whom we fear more than we hate" (Tradução nossa) (HAZLITT, William. *Characters of Shakespear's plays*. Charleston: Bibliolife, s/d, p. 18).

51 "Is there anywhere in literature a more rounded or a more affecting picture of the intimacy and mutual confidence of husband and wife?" (SISSON, *op. cit.*, p. 18).

Tudo se passa, como brilhantemente coloca Sisson, por meio de três argumentos centrais utilizados por Lady Macbeth para influenciar o seu vacilante marido a cometer o assassinato do rei. 1. "Você faria, se ousasse – mas, você não ousa." 2. "Você faria, se me amasse – mas, você não me ama." 3. "Se eu fosse homem, eu mesma o faria".

Estar tão influenciado assim por uma mulher, para os olhos dos elisabetanos, já seria um grande erro, contrário à lógica do universo, destaca Sisson.

A. C. Bradley, em um de seus *insights*, sugere algo que precisa ser melhor aprofundado, se bem que ele mesmo não o fez: para Lady Macbeth, "não há distinção entre vontade e ato".[52]

Talvez Bradley estivesse se referindo ao fato de que Lady Macbeth, antes do assassinato do rei Duncan, jamais titubeia sobre a necessidade de se consumar tal ato. Ela *quer* e, por isso, como não tem as mesmas amarras morais que tem seu marido, ela *pode*. O trágico desta situação, o enredo da peça, é que ao meio da vontade e da satisfação da vontade, o casal Macbeth se transformará em um casal criminoso. Como já salientamos em outro momento deste trabalho, a tragédia põe em jogo o desejo. Desse modo, os atos dos homens, expressão de sua vontade, precisam ser confrontados com o destino, que, inexorável, pode coroar nossas ações com o que pretendemos com elas, ou, de maneira azarada, nos dar as costas.

No teatro, ao contrário de um romance, por exemplo, não temos a alternativa de narrar através de um fluxo de consciência – o teatro, inicialmente, não é narração. Pelo contrário, é ação. De maneira imagética, a personagem de Lady Macbeth pode representar o *alter ego* de Macbeth, como interpreta Heliodora, mas sempre, nos parece, a partir de uma dimensão do desejo. A ambição, esta paixão triste que Macbeth possui em elevado grau, se manifesta, em cena, através das conversas íntimas entre o casal. Lady Macbeth personifica o desejo de seu marido de usurpar o trono, é sua vontade de poder. Mas, para esse Macbeth não basta esperar o vaticínio das bruxas acontecer simplesmente, como poderia a fortuna determinar. Ele é uma personagem trágica. Quer influenciar o seu destino. Quer que sua paixão, a ambição, seja satisfeita. No começo do texto, ainda vacilante, sem a influência da mulher, o seu outro eu, ele proclama:

---

52   BRADLEY, *op. cit.*, p. 283.

MACBETH
>Se o fado me quer rei, que me coroe
>Sem que eu me mova.
>(*Macbeth* – I.III.139-140)[53]

Algumas cenas adiante, agora já em contato com esse outro de si mesmo, essa Lady Macbeth que representa o seu desejo, ele não pode mais esperar. Agora a fala é dela, completando os pensamentos dele. E, nesse caso, o rei Duncan:

LADY MACBETH
>[...] jamais
>Verá o Sol tal amanhã
>(*Macbeth* – I.v.60)[54]

Um completando o outro, esse casal, nessa fala, talvez tenha feito uma predição sobre o seu próprio futuro. Jamais ver o Sol tal amanhã, e amanhã, e amanhã...[55]

---

[53] "MACBETH
If Chance will have me King, why, Chance may crown me
Without my stir." (*Macbeth* – I.III.144-145).

[54] "LADY MACBETH
[...] O! Never
Shall sun that morrow see!" (*Macbeth* – I.v.60-61).

[55] Referência a famosa frase do solilóquio de Macbeth. (V.v.19).

Ordem e desordem em Shakespeare e Maquiavel

> *O tempo é de terror. Maldito fado*
> *Ter eu de consertar o que é errado.*
>
> *Hamlet*

Talvez não seja exagero dizer que tanto Shakespeare como Maquiavel sejam pensadores da ordem. A desordem se mostra, em toda a sua negatividade, como um problema para estes autores. De fato, não poderia ser diferente, na medida em que a modernidade, em si, é um tempo que reflete, constantemente, a ordem.[1] Se, por um lado, é verdade que a tragédia também pode ser entendida como conflito que coloca em questão a desordem para, em sua resolução, instituir a ordem; por outro lado, é esta desordem que, no caso de Maquiavel, significa a necessidade de uma mudança política de suma importância para a Itália e, no caso de Shakespeare, uma estrutura em que a justiça vai coincidir com o poder nas mãos de um determinado governante. No entanto, se a ordem para estes dois autores é um valor que não pode ser suprimido, estando na essência do político e do jurídico, por outro lado, os modos de se chegar à ordem são completamente diferentes para estes pensadores. Pode-se afirmar, inclusive, que a *ordem* pode implicar, em Maquiavel, em uma suspenção

---

1 Cf., neste sentido, BAUMAN, Zygmunt. *Modernidade e Ambivalência*. Rio de Janeiro: Jorge Zahar Editor, 1999, p. 12.

da justiça e da legalidade, enquanto em Shakespeare, é justamente a suspenção da justiça e da legalidade que será chamada de *desordem*.

I

A questão da ordem, para Maquiavel, centra-se em dois pontos bem delimitados em *O príncipe*. Analisaremos, em primeiro lugar, como a ordem é essencial para o projeto político de Maquiavel. Nesse caso, o que está em jogo é a construção de um Estado forte e estável, capaz de fazer frente aos demais Estados que estão se formando na Renascença europeia. Em segundo lugar, procederemos à análise do conceito de razão de Estado e como este conceito, em Maquiavel, um de seus primeiros formuladores, molda uma filosofia política da ordem.

O Renascimento trouxe uma série de mudanças para a vida social e mentalidade do homem europeu. A ideia de resgatar os clássicos gregos e romanos e a abertura do Mediterrâneo possibilitou um crescimento do comércio nas cidades, que agora se desenvolviam, e, principalmente, uma valorização crescente da cultura. O Renascimento é um movimento histórico que modifica a forma de vida social, econômica, cultural e política, rompendo com o ideário medieval europeu.

A criação, em algumas regiões, da figura do Estado moderno, ou seja, a centralização do poder político, começa a assombrar as Repúblicas e Principados das cidades italianas, incapazes de se organizar em um Estado Unitário. A obra política de Maquiavel se insere no plano de uma unificação da Itália.

Nesse sentido, Maquiavel pensa na força de um príncipe de *virtù* que consiga realizar a façanha de trazer de volta as glórias da Roma antiga. O último capítulo do *Príncipe*, por sinal, se intitula "Exortação a libertar a Itália dos bárbaros". O livro, além disso, se encerra com uma citação do *Cancioneiro* de Petrarca, que, por si só, poderia explicar as intenções do pensador florentino:

> *Virtù* contra o furor
> Tomará as armas, e que seja breve o combate,
> Que o antigo valor
> Nos corações italianos não está ainda morto. (Cap. XXVI)[2]

---

2   "*Virtù* contro a furore
    prenderà l'armi, e fia el combatter corto,
    che l'antico valore nelli italici
    cor non è ancor morto" (Cap. XXVI).

Maquiavel parece oferecer, em *O Príncipe,* não apenas a prática, mas o objetivo de um príncipe. Para além dos interesses pessoais, em um mundo desordenado e contingente, é função do príncipe estabelecer a ordem em seu território. Claro que o príncipe é e deve ser ambicioso. Contudo, sua ambição, para não ser mesquinha, tem de ser a grande ambição, aquela que possa ser capaz de organizar um Estado forte e independente. A reflexão maquiaveliana tem, por trás de suas teses controversas sobre as ações dos príncipes, a preocupação com a formação de um novo Estado italiano, independente, unificado e grandioso. Claro que não se poderia esperar outra coisa de um renascentista, imerso em seu próprio tempo histórico, mas que, tal qual o tempo exigia, encontrava nos antigos, especialmente nos romanos, as glórias e, sobretudo, os valores que deveriam nortear uma península desorganizada e anárquica, permeada por lutas internas e constantemente sob o perigo da ameaça externa.

Maquiavel dedica *O príncipe* para o "magnífico Lourenço, filho de Piero de Médici", em 1513, não apenas porque deseja obter as graças e benefícios de uma relação com os novos governantes, mas porque reconhece, nesta figura, a possibilidade de uma força que seja capaz de "libertar a Itália dos bárbaros".

Fica, assim, claro o movimento do texto. Da dedicatória ao último capítulo, XXVI, em que Maquiavel exorta a libertação da Itália dos bárbaros, o que temos são regras e exemplos a serem seguidos, por vezes recomendações não tão ortodoxas, com uma finalidade última: a criação e manutenção de um Estado italiano. A aspiração não é pequena, mas, de acordo com Maquiavel, os tempos estão propícios para tal investida. É curioso, neste sentido, como ao fim do livro, as intenções do príncipe se transformam em intenções de um povo. Maquiavel escreve que, ao seguir os seus conselhos, esboçados nos capítulos anteriores, o príncipe não apenas encontrará motivos de glória pessoal, mas, ao mesmo tempo, por realizar a tarefa da unificação, trará um benefício para "a totalidade dos italianos". Nas últimas frases da obra, aquelas imediatamente anteriores à citação de Petrarca que fecha o livro, Maquiavel pondera:

> [26] Não se deve, pois, deixar passar esta ocasião, a fim de que a Itália, depois de tanto tempo, veja aparecer um seu redentor. [27] Nem posso exprimir com qual amor ele seria recebido em todas as províncias que têm sofrido por causa destas invasões estrangeiras, com que sede de vingança, com que obstinada confiança,

com que piedade, com que lágrimas. [28] Quais portas se lhe fechariam? Quais povos lhe negariam obediência? Que invejas se lhe oporiam? Que italiano lhe negaria o serviço? A todos fede este bárbaro domínio. (Cap. xxvi)[3]

A questão da ordem também pode ser lida a partir de outro ponto de vista interpretativo da obra de Maquiavel: a razão de Estado.

É consenso, entre os especialistas, que em Maquiavel já temos uma noção de razão de Estado, apesar deste autor não ter formulado este conceito em sua expressão literal em sua obra.[4] Antes de Maquiavel, já poderíamos encontrar ideias intuitivas sobre este conceito, se bem que não sistematizadas. Mas, não há dúvida que é só com Maquiavel que começa a se esboçar o conceito como modernamente nós o conhecemos. Maquiavel estabelece os contornos mais precisos da razão de Estado e, podemos dizer, elaborou tal concepção para dar conta da necessidade de ordem acima de outros valores políticos.

A doutrina da razão de Estado afirma, genericamente, que a segurança e a ordem em um Estado são exigências de tal importância, que os governantes, para assim garantir esses preceitos, podem violar normas de caráter moral, religioso, político e jurídico. Em outras palavras, a ordem é necessidade de tamanho vulto que o descumprimento das regras sociais ficaria justificado, pois teríamos o resguardo de um bem maior.

O interessante, por trás dessa doutrina, é que o príncipe teria o direito de desrespeitar qualquer espécie de legalidade e preceito de justiça sob o argumento de que o mais importante, do ponto de vista político, é a manutenção da ordem em um Estado. Trata-se de uma concepção em que as exigências de caráter político se sobrepõem às regras sociais que, curiosamente, foram criadas

---

3   "[26] Non si debba adunque lasciare passare questa occasione, acció che la Italia vegga dopo tanto tempo apparire uno suo redemptore. [27] Né posso exprimere con quale amore egli fussi ricevuto in tutte quelle provincie che hanno patito per queste illuvioni externe, con che sete di vendeta, con che ostinata fede, con che pietà, con che lacrime. [28] Quali porte se li serrerebbono? Quali Populi gli negherebbano la obbedienza? Quale invidia se li opporrebbe? Quale italiano gli negherebbe lo obsequio? Ad ognuno puzza questo barbaro dominio." (Cap. xxvi).

4   BOBBIO, Norberto; MATTEUCCI, Nicola e PASQUINO, Gianfranco. *Dicionário de Política*. Brasília: Editora UNB, 1995, p. 1066, verbete "Razão de Estado".

e pensadas justamente para garantir estabilidade e ordem em uma sociedade. Estado sem lei, sem moral e sem religião, mas, teoricamente, forte, organizado e disciplinado.

É, nesse caso, uma lógica em que a busca do poder por um príncipe pode ser plenamente louvável, se bem que conquistado ao arrepio da legalidade, da moralidade e da religião, se o objetivo maior for a manutenção da ordem e da saúde estatal.

Segundo esse modo de racionalidade política, o príncipe teria o direito de desrespeitar a lei, suspender a legalidade de um ordenamento jurídico, ultrapassar códigos morais, relevar os ditames da fé, tudo em nome da ordem. O que significa dizer que a justiça fica plenamente em segundo plano quando se trata de assuntos em que o poder está em risco.

O argumento da razão de Estado, de certa maneira, desloca a justiça ao não encontrar uma limitação jurídica válida para a ação do príncipe no campo político. É assim que a justiça pode muito bem ser desrespeitada se é de interesse do Estado a conservação do *status quo*, ou se é de interesse de todos a instituição de uma ordem em um ambiente politicamente caótico.

Claro que Maquiavel vai relacionar, desta forma, a ordem em um Estado ao poder efetivo de um príncipe. Da mesma maneira que o poder não precisa ser justo, então, para ser exercido, a ideia de ordem no Estado também não precisa respeitar a justiça para ser necessária, para termos a ordem como um valor político. Encontramos, assim, mais uma vez, em Maquiavel, a dissociação entre justiça e poder que está na base de sua concepção trágica de direito e política. Sem a necessidade de justiça, devido à razão de Estado, o poder se insinua como única dimensão real e, sobretudo, prática da vida política. Seu exercício está limitado às relações entre a fortuna e a *virtù* de um príncipe. E não há outro princípio organizador da política.

Nesse sentido, caímos em um problema lógico-político interessante. Um governante que cumpre as regras de justiça do ordenamento jurídico estatal pode estar fazendo uma verdadeira injustiça política na medida em que o Estado pode estar potencialmente em desordem. Nesse caso, pensaria Maquiavel, cumprir a lei para quê? Se a lei não pode trazer a ordem, que é o que se almeja, essa sim um verdadeiro valor político, ela não serve para absolutamente nada, a não ser como um empecilho para obstar a ação dos homens de *virtù*.

II

Em Shakespeare, o fim das tragédias implica, sempre, em uma retomada da ordem que foi abalada ao longo dos Atos das peças. A desordem que caracteriza o enredo e que a inscreve na forma trágica deve ser resolvida até o fim do 5º Ato. Pois esta desordem se identifica com uma situação em que existe uma injustiça no reino e que o detentor do poder, de alguma maneira, ou por não o ter conquistado de maneira justa ou por não estar se conduzindo com vistas ao bem-comum, não tem legitimidade.

Os herdeiros do poder – Fortimbrás em *Hamlet*, Cássio em *Otelo*, Edgar em *Rei Lear* ou Malcolm em *Macbeth* – não têm a mesma dimensão dos protagonistas das tragédias, porém todos eles têm em mente o cumprimento da lei e a harmonia do Estado.[5] O final das tragédias é o restabelecimento da ordem, simbolizado pelo advento de um possível bom governo, ou, pelo menos, um governo estável. Tal harmonia ecoa para a lógica da família e da natureza: não é à toa que temos lutas fratricidas ao ponto da guerra civil, cenas noturnas, tempestades. Quando o governo vai mal, é como se a natureza estivesse sendo contrariada. O mau governo conduz sempre ao final trágico do personagem que exerce o poder. Todos os personagens principais das grandes tragédias, aqueles cujo nome é cedido ao título da obra, morrem ao fim, operando, portanto, a lógica trágica mas, ao mesmo tempo, prometendo um futuro de maior ordem e justiça do que o período temporal em que a peça se passa.

Hamlet se encerra com a chegada do conquistador norueguês Fortimbrás que, evidentemente, é personagem muito menor que Hamlet, mas que vai deter o poder e, talvez, na sua mediocridade, estabelecer uma ordem na corte de Elsinore, que ficou completamente devastada depois da morte de oito personagens, entre os quais o rei, a rainha e o príncipe. A desordem, nesta peça, se inicia com o assassinato do rei Hamlet por seu irmão, Cláudio. A morte de um irmão pelas mãos de outro certamente não poderia, na lógica shakespeariana, dar em um bom governo. A ilegitimidade na conquista do poder leva a uma situação em que o governante, também, não pode agir de maneira justa. Com um vício de origem, um poder assim instituído fica com a mácula da ambição desmedida.

---

5   HELIODORA, *op. cit.*, p. 142.

Nesse sentido, Cláudio é, antes que tudo, um criminoso a ocupar o trono. Seu poder é, necessariamente, ilegítimo. Caberá a Hamlet vingar o pai e, assim, trazer de volta a ordem à Dinamarca, mesmo que isto custe a sua vida. Note-se que a questão de Cláudio ser um bom governante não é sequer colocada como um problema.

Diferentemente de Maquiavel, em que o governante pode ser maldoso e, ainda assim, dispor do poder, uma vez que a ambição não significa necessariamente um problema para a política, em Shakespeare a usurpação já é um motivo de injustiça. Então, invertendo Maquiavel, as circunstâncias que apontam para um governante ilegítimo, como é o caso de Cláudio, já são, para Shakespeare, suficientes para caracterizar um governo injusto. Poder legítimo e justiça caminham juntos na lógica do governo conforme este é representado nas grandes tragédias shakespearianas.

No que diz respeito a *Otelo*, a questão da ordem aparece de outra maneira.

Otelo, por ser o diferente, ou seja, por ser mouro, negro e bruto e, ao mesmo tempo ser o general em comando em Chipre, já apontaria, inicialmente, para alguma forma de desordem para a mentalidade elisabetana. Como uma sociedade preconceituosa, no que, aliás, não se difere de nenhuma outra sociedade, por sinal, os elisabetanos constatariam na posição de proeminência de Otelo algo que seria contra a ordem do próprio cosmos. Otelo é o personagem que está localizado em um ambiente que não lhe valoriza e que somente o aceita, provisoriamente, por ser guerreiro competente para comandar e prover de lucro a rica cidade de Veneza. O relacionamento do mouro com Desdêmona, amor profundo na medida em que ela supera os preconceitos para se tornar mulher do general, também aparece como um contraste que contraria a lógica de uma ordem dos relacionamentos amorosos, uma lógica natural como mostramos em outro momento desse trabalho. O interessante de se ler na contradição entre a alvura de Desdêmona e o negrume de Otelo um princípio antinatural é que o amor, assim ainda em estado de paixão, na medida em que são recém-casados, se apresenta como uma modalidade de desordem, e a morte de Otelo e Desdêmona, final infeliz de um amor verdadeiro, aparece como possibilidade de retorno à ideia de ordem. Amor se ligaria à desordem, morte à ordem. Não é à toa que se trata de uma tragédia.

Cabe destacar, além disso, que o comando militar de Otelo fica ofuscado na medida em que seu ciúme desmedido o impede de ver os fatos corretamente.

Ele não age como um bom governante porque fica visivelmente mais preocupado, na peça, com seus problemas domésticos do que com a condução das questões políticas e militares de Chipre. Tudo se passa como se a desorganização mental e sentimental que percebemos em Otelo, ao longo da peça, indicassem também uma desorganização política da ilha.

O personagem de Iago, no que diz respeito ao problema da ordem, será extremamente relevante para a peça. Ele é introdutor da desordem. No começo de *Otelo*, quando o mouro está se casando com Desdêmona, é Iago quem vai acordar o pai dela, Brabantio, para que este tome providências para impedir o casamento. É ele quem vai, portanto, ser responsável pela cena em que os homens de poder de Veneza questionam as ações e a virtude de Otelo, uma cena extremamente conturbada, diga-se de passagem. No que diz respeito à intenção de rebaixar Cássio, é Iago também quem o embebeda, ao ponto de tornar possível que este acabe se envolvendo em uma briga, situação de desordem que vai fazer com que Cássio perca o seu posto de braço-direito de Otelo. Toda a confusão mental e sentimental pela qual passa Otelo vem sempre das sugestões e maledicências de Iago, que desestabiliza emocionalmente o mouro.

Em todos estes exemplos de como Iago é o personagem que desestrutura a ordem em *Otelo* existe um fator em comum: é através da linguagem que este personagem tece suas armadilhas. Dizer que Iago é o personagem que introduz a desordem na peça é dizer mais, na medida em que se trata de uma peça de Shakespeare. Iago introduz também a injustiça. Ele é a causa das profundas injustiças que ocorrem ao longo do drama. Tomemos a maior de todas as injustiças: o assassinato de Desdêmona cometido por Otelo. Se não fosse a má influência de Iago, suas sugestões e mentiras, jamais Otelo mataria Desdêmona. É bem claro, na peça, que Otelo é manipulado por Iago, o verdadeiro vilão da história.

Ao fim da peça, Otelo é substituído no comando militar por Cássio, personagem muito menos complexo, mas que, ao que tudo indica, servirá de maneira adequada ao governo de Veneza. Após o suicídio (auto-execução?) de Otelo e o desmascaramento de Iago, a ordem pode voltar a reinar em Chipre.

Em *Rei Lear*, uma lógica que inverte as convenções incomoda desde o início. Filhos que mandam nos pais, criados que dão lição aos patrões, mulheres que dominam os maridos, jovens que determinam a vida dos mais velhos,[6] todas estas condições se mostravam, para uma mentalidade elisabetana, como algo completamente desordenado. Shakespeare escreve uma peça em que as convenções de seu tempo são colocadas prontamente em questão. Todas estas perspectivas criam um clima, na tragédia, de tentativa de resgate de valores que são caros ao público e que Shakespeare, apesar de problematizar, certamente compartilhava. As inversões de perspectiva desta peça afrontariam a própria ordem da natureza. A palavra natureza e suas variantes (natural, antinatural) são pronunciadas cinquenta e uma vezes ao longo da peça.[7] Não resta dúvida de que a dimensão da ordem é algo que Shakespeare quer plenamente reabilitar.

Se Lear queria ostentar o nome de rei sem ter os encargos da função, esse erro de cálculo político, aliado ao desconhecimento do caráter das próprias filhas, colocaram o reino em um caminho de intrigas, lutas fratricidas e usurpação. Somente Edgar, ao fim da peça, colocará um fim ao caos; mas, nesse caso, a peça mais radical de Shakespeare, no que diz respeito ao desenlace final da tragédia, já havia enterrado qualquer esperança de um fim aceitável do ponto de vista de uma ordem moralmente maior. Para muitos críticos, nesta peça, Shakespeare vai longe demais e atinge questões tão profundas que nos recusamos a aceitar calmamente o seu fim.

Tanto isso é verdade que a interpretação "água com açúcar" de Nahum Tate foi encenada durante dois séculos. Segundo tal encenação, certamente mutiladora do real valor da obra de Shakespeare, Cordélia e Edgar se enamoram e vencem as malévolas irmãs Goneril, Regan e o ardiloso Edmund. Ao fim da peça, Lear sobrevive para dispor de uma velhice tranquila e confortável. Esta interpretação da obra aparentemente tenta solucionar o enredo doloroso e sem concessões que Shakespeare imprime ao texto.

Está certo que a ordem será restituída ao fim da peça, no 5° Ato, mas, no entanto, isso somente ocorrerá depois que Lear morre com Cordélia, sua honesta e justa filha, nos próprios braços. A justiça divina, em sua lógica própria, se mostra, mais uma vez, distante da compreensão dos homens. Em *Hamlet*, a morte de Ofélia já aparecia como algo que nos escapava; em *Otelo*, a morte de Desdêmona

---

6   GHIRARDI, José Garcez. *O mundo fora de prumo*. São Paulo: Almedina, 2011, p. 208.

7   *Ibidem*, p. 207.

também se pronunciava como algo de difícil aceitação, agora; em *Rei Lear*, a morte de Cordélia nos choca pela imagem de um pai vendo a morte da própria filha. As injustiças que vemos na peça, e que constituem o próprio mote do enredo, precisam ser solucionadas para que a ordem justa volte a imperar no reino. No começo da peça, a partição do reino e a deserdação de Cordélia já mostravam que a situação daquele reino não poderia seguir de maneira ordenada e justa. Afinal, repartir o poder não é atitude sábia e banir a filha que se mais gosta tampouco.

Em *Macbeth*, a figura do governante usurpador aparecerá novamente. Macbeth é o usurpador que matará seu próprio primo, o rei Duncan, para alcançar o poder. A ambição desmedida, que leva à conquista do poder de modo ilegítimo, certamente é algo reprovável em Shakespeare. A situação em que a conquista do poder se deu influenciará decisivamente no desenrolar dos acontecimentos da peça. Macbeth vai se importar apenas com a sua própria manutenção no poder. Em seu reinado curto, repleto de atos sanguinários, cruéis e injustos, temos uma dimensão de desordem política evidente que é ligada a uma perspectiva em que a injustiça predomina no reino. O assassinato do rei e de Banquo assombra o governo de Macbeth a tal ponto que este chega a enxergar fantasmas a rodear seu exercício do poder.

Não lemos em nenhuma passagem de *Macbeth* qualquer espécie de preocupação com o governo para o bem-comum. Nessa peça, fica claro que o poder, por si só, é o objetivo da usurpação. A ambição, neste caso, é completamente egoísta. Não se trata de alcançar o poder para fazer um bem maior para o Estado.

Como um governo que se estabelece ilegitimamente somente pode acabar mal, Macbeth perderá o poder para Malcolm, que sinalizará para a possibilidade de um governo mais organizado e, assim, consequentemente, mais justo.

O bom ou o mau governo dependem, assim, antes de tudo, da legitimidade de sua aquisição. Como podemos ver em *Hamlet, Rei Lear* e *Macbeth*, as circunstâncias em que o poder é obtido influenciam decisivamente na condução dos reinos. A desordem, que corresponde nas tragédias ao próprio enredo, deve ser, ao fim da peça, plenamente superada para que a ordem volte a se estabelecer. Moralismo?

Talvez Shakespeare seja efetivamente um moralista. Mas, se assim for, não o é em um sentido tradicional. Senão não teríamos personagens como Hamlet ou o fanfarrão Falstaff. Se existe algo de moralista em suas peças é que aprendemos continuamente com elas: têm um caráter pedagógico. Mas, diferentemente da tragédia grega, que também estava disposta a ensinar, as peças de Shakespeare são tragédias de personagens e não da ação.[8] Nos gregos, o destino era implacável, incontornável, necessário. Em Shakespeare, podemos escolher nossas ações, somos responsáveis, temos consciência — o problema é que não escolhemos acertadamente.

O equilíbrio rompido pela personagem principal, que através de seus atos estabeleceu uma forma de desordem na ordem do roteiro da peça e, portanto, na ordem do Estado, é encarado como uma forma de injustiça que precisa ser sanada até o final do 5° Ato.

Quando a desordem que dá origem à tragédia termina, e o final fatídico do herói trágico se insinua no caminhar do 5° Ato, apesar de termos a impressão de um final triste, como deve ser uma tragédia shakespeariana, não nos escapa a percepção de que, pelo menos, a partir daí teremos uma certa estabilidade política no reino em questão. De algum modo, uma justiça maior, que talvez possa nos ser incompreensível – é só nos lembrarmos do fim de *Otelo* e *Rei Lear* –, acabou por prevalecer ao meio da desorganização que vislumbramos no decorrer destas tragédias.

Shakespeare se mostra, assim, juntamente com Maquiavel, um pensador da ordem. Existe, para o dramaturgo, sempre uma perspectiva em que o governo será restabelecido, apesar dos obstáculos e das injustiças que se apresentam ao longo da trajetória das tragédias. Poder e justiça se mostram interligados ao ponto de percebemos que, para o autor, a forma trágica implicava em uma história em que a desordem é superada para obtermos um governo estável e justo, mesmo que à custa da morte dos personagens trágicos principais.

---

8   MORA, *op. cit.*, p. 2909, verbete "Tragédia".

O público e o privado em Shakespeare e Maquiavel

A relação entre o público e o privado é essencial para entendermos a política. De fato, tal relação determina a compreensão do alcance do poder instituído, ou seja, qual o limite entre aquilo que se configura como particular e aquilo que é da ordem da coletividade. É interessante notar, neste sentido, que Shakespeare e Maquiavel, autores de obras trágicas conforme tentamos demonstrar, têm, ao que nos parece, concepções divergentes no que diz respeito à compreensão da relação público / privado. Enquanto Maquiavel postula uma separação entre estas duas esferas, Shakespeare as enxerga em comunhão sendo a diferenciação entre elas apenas uma questão de enfoque.

I

[...] os Estados não podiam ser governados com o rosário nas mãos.

Cosme de Medici, O Velho.

Em Maquiavel, a ética que deve governar a vida pública é diferente da ética da vida privada.[1] As virtudes privadas, em geral, aquelas que dizem respeito à moralidade cristã tradicional, podem ser extremamente benéficas para o homem

---

1 Cf. LEFORT, Claude. *Maquiavelo: lecturas do político*. Madrid: Editorial Trotta, 2010, p. 157.

comum em sua dimensão de vida particular, mas, no que diz respeito ao homem público, podem facilmente levar ao fracasso. Não é novidade que o governante, por vezes, se encontrará frente a situações em que existirá a necessidade de escolha entre o agir de maneira moralmente irrepreensível e a ação mais proveitosa do ponto de vista da política. Maquiavel, conforme ressaltamos em outros momentos deste trabalho, põe em xeque a concepção de que a política deve ser pautada por ideais elevados, conduzida pelos homens mais justos, honestos e tementes a Deus. Em outras palavras, ao colocar a política no terreno do real, do comportamento comum do homem de poder, muitas vezes separado dos ideais, Maquiavel ao mesmo tempo opera uma outra separação: na relação entre público e privado existe um distanciamento próprio da natureza do poder político. As ações que teriam grande valia para o universo da vida privada, pensando este universo como o espaço em que a moralidade se configura, pouco têm a dizer para a escolha das ações mais acertadas do ponto de vista da esfera da vida pública. A ética pública é a ética dos resultados, a ética dos homens de *virtù* que exercem seu comando e poder para os fins do Estado e para a sua própria preservação no jogo político.

A dissociação entre público e privado é mais uma maneira de verificar a autonomia da esfera política em relação à religião, moral e até mesmo ao direito. Ao não analisar as questões de Estado por intermédio da moral, Maquiavel acaba por conferir à política sua autonomia, analisando-a como uma esfera de atuação sujeita à sua própria lógica e às suas próprias leis.[2] Segundo Benedetto Croce: "[...] é sabido que Maquiavel descobre a necessidade e autonomia da política, da política [...] que possui suas próprias leis das quais é vão rebelar-se, que não se pode exorcizar e descartar o mundo com água-benta".[3]

De fato, a rejeição de Maquiavel à moralidade tradicional no campo da política não pode ser lida como uma concepção amoral, mas sim como referência a um universo onde os homens estão interagindo com vistas a atingir finalidades públicas.[4] A justiça, como atributo do privado, nesse caso, é plenamente colocada em segundo plano se o caso for implementar regras que ordenem o espaço em que o público se insinua, ou seja, a dimensão estatal. O justo, assim, não opera

---

2   BARROS, *op. cit.*, p. 60.
3   CROCE, Benedetto apud BARROS, *op. cit.*, p. 60.
4   OLIVEIRA, I. A. R. *Teoria Política Moderna*. Rio de Janeiro: Editora UFRJ, 2006, p. 18.

como um critério público para a determinação da conduta do príncipe. A verdade é que, no *Príncipe* de Maquiavel, a dimensão do poder, em sua forma pública, pode se dar, perfeitamente, separada da justiça como imperativo moral e jurídico particular, privado.

Conforme vimos em outros momentos deste trabalho, o núcleo da esfera da política, ou seja, o poder, se mostra em sua dimensão pública, da mesma forma que o núcleo da esfera do direito, ou seja, a justiça, se mostra como um fenômeno privado. Dessa maneira, podemos perceber no texto do *Príncipe* de Maquiavel, que a separação entre poder e justiça, característica essencial de toda construção política maquiaveliana, tem como consequência, no limite, uma separação entre o público e o privado.

O caso, aqui, não é o de uma incomunicabilidade entre as duas esferas. Trata-se, no entanto, de separação fundante de toda uma maneira de entender a política, pois, no limite, diz respeito à possibilidade de um pensamento político de caráter científico separado da moral, do direito e da religião.

II

Nas tragédias de Shakespeare, público e privado convergem. A ética é a mesma. A tragédia privada é a tragédia pública. Devemos nos conduzir na vida pública como nos conduzimos na vida privada. As relações pessoais estão ligadas diretamente às razões do Estado. *Rei Lear* é uma tragédia sobre um rei que divide o reino, mas também sobre um pai que não conhece as próprias filhas, tampouco as armadilhas levadas a cabo por meio da adulação, algo especialmente temerário a um monarca. *Hamlet* é a história de um jovem que quer vingar o assassinato de seu pai, mas também a história de uma usurpação do trono e da posição de um príncipe no jogo de poder da corte. *Macbeth* trata da ambição de um nobre pelo poder, ambição que leva a usurpação e assassinato, mas também, uma história sobre as relações conjugais, características que aproximam essa tragédia de *Otelo*.

Os personagens shakespearianos são governados por leis e instituições que, a todo o momento, situam sua posição na arena pública e, não obstante, ao mesmo tempo, são personagens que podemos ver em cenas domésticas ou, pelo menos, familiares como, por exemplo, as confidências entre marido e mulher do casal Macbeth, a conversa de Hamlet com Gertrudes, sua mãe, no quarto dela, a recepção preparada pelas filhas perversas de Lear para a chegada do pai. Segundo

Kiernan, todas as tragédias shakespearianas dizem respeito a acontecimentos públicos bem como a privados.[5]

Isto se dá, em boa medida, porque o próprio enredo idealizado pelo autor transcorre no meio da corte, da nobreza, ou, pelo menos, em alguma posição de destaque político. Temos príncipes, nobres e reis que têm que lidar com circunstâncias que, à primeira vista, podem parecer acontecimentos meramente particulares, mas que, no desenrolar da peça se mostram episódios políticos de alta-voltagem. Enquanto personagens complexos, estes protagonistas trágicos apresentam não apenas a dimensão do poder que ostentam, mas, também, têm que aparecer, nas peças, como indivíduos que exercem outros papéis sociais para além da caracterização de suas figuras no jogo político. Em outras palavras, Lear é rei, mas ao mesmo tempo deve ser entendido como um pai e um velho. Hamlet é príncipe, mas, também um intelectual com uma certa tendência, ainda que lançando mão de um conceito posterior ao autor e ao personagem, niilista. Macbeth é rei usurpador, mas também é um marido que divide com sua mulher todas as suas preocupações, inclusive no que diz respeito a seus crimes. Otelo é comandante militar de Chipre, mas, ao mesmo tempo, é marido enciumado de uma mulher honesta.

O que não pode ser esquecido é que na obra trágica de Shakespeare, em toda a sua trajetória, não existe final feliz para o indivíduo se há mau governo.[6] E isto ocorre não apenas nas grandes tragédias, mas também nas demais obras do autor. Mesmo em *Romeu e Julieta*, por exemplo, podemos ler no clima da desordem que se instaura devido a conhecida disputa entre as famílias dos Capuletos e Montecchios a impossibilidade de um desfecho feliz para o indivíduo. Sobre *Romeu e Julieta*, assim escreve Barbara Heliodora:

> Na mesma história Shakespeare vê ocasião para a denúncia da guerra civil, do mal que o ódio e as lutas entre facções poderosas dentro de uma mesma comunidade podem trazer ao todo, destruindo a possibilidade de existência da mais positiva de todas as forças da vida, que é o amor.[7]

---

5   KIERNAN, *op. cit.*, p. 31-32.
6   HELIODORA. *Falando de Shakespeare*. São Paulo: Perspectiva, 2006, p. 75.
7   *Ibidem*, p. 75.

Esta imbricação entre público e privado é mais uma das consequências da concepção shakespeariana de que poder e justiça devem caminhar juntos. Desta maneira, a justiça afeta o herói-trágico no conduzir de sua vida privada do mesmo modo que afeta a própria ordem do Estado em sua organização interna. É por isso que as crises por que passam os heróis em suas respectivas tramas têm fortes implicações na condução da ordem estatal.

Tudo se dá, nas quatro grandes tragédias shakespearianas, como se a dimensão do público, aquela mais diretamente conectada aos jogos de poder nas cortes e reinos, fosse a mesma da dimensão privada, aquela que diz respeito às questões relativas à vida doméstica dos personagens. A única diferença seria de enfoque.

Quando Marcelo declara que "Algo está podre aqui na Dinamarca"[8] podemos perceber, nesta constatação do personagem, uma dimensão privada imbricada à dimensão pública. Certamente que a afirmação aponta para uma visão premonitória de que Hamlet descobrirá algo de errado – o fantasma vai pedir vingança de seu assassínio –, de modo que uma dimensão privada revela, também, uma problemática que ultrapassa a dimensão doméstica e se dá na ordem do Estado dinamarquês. O que está podre, errado, antinatural, é o que o fantasma vai revelar secretamente a Hamlet:

FANTASMA
De que a serpente que tirou a vida
de teu pai, usa agora a sua coroa.
(*Hamlet* – I.v.42-43)[9]

Estes versos não poderiam ser mais esclarecedores da relação entre público e privado em *Hamlet*. A "serpente" retratada, o tio de Hamlet, tirou a vida do *pai* do personagem, ou seja, a estrutura em que a vingança deve ser montada é familiar, privada. No entanto, tal "serpente" usa agora a *coroa*, o que significa que usurpou do trono e que o assassinato teve consequências políticas, de ordem pública. A vingança que o fantasma pede ao príncipe dinamarquês é considerada

---

8   "Something is rotten in the state of Denmark." (*Hamlet* – I.iv.95).

9   "GHOST
    The serpent that did sting thy father's life
    Now wears his crown." (*Hamlet* – I.v. 39-40).

justa no universo shakespeariano. É instrumento legítimo e expressão visível da invisível justiça divina.[10]

Mesmo o duelo entre Hamlet e Laertes, ao fim da tragédia, apesar de aparentemente ser apenas uma disputa inofensiva entre cavalheiros, o que pela trama podemos antever que não o será, põe em jogo a lógica do público e do privado. A prática do duelo é certamente uma maneira de buscar justiça de modo a satisfazer a honra, algo de natureza privada, a partir de uma dimensão pública, na medida em que se dá legitimidade ao resultado do duelo.

Em *Otelo*, por outro lado, podemos perceber como a dimensão de vida privada se insinua na vida pública, por outros motivos. O general, apesar de sua posição, é obrigado a se explicar para os homens de poder de Veneza, quando estes ficam sabendo de seu casamento, algo do âmbito da vida privada, mas que, neste caso, surte efeitos públicos. E não é sem motivo que Shakespeare escreve que as núpcias do casal seriam em Chipre. Ao mesmo tempo em que Otelo usufrui os prazeres de recém-casado, deve obedecer ao comando de Veneza, de modo a combater os turcos que ameaçam tomar a ilha. Tudo se passa como se Otelo não tivesse descanso e gozasse de sua própria lua de mel a serviço.

A tragédia de Otelo, aliás, é a tragédia de uma felicidade familiar que se degenera em uma execração pública. A seguinte passagem pode ser explicativa:

IAGO
Pra homem ou mulher bom nome é tudo.
De nossas almas é a mais cara joia:
Quem rouba a minha bolsa rouba nada.
Era minha, hoje é dele, foi de mil.
Mas quem de mim arranca meu bom nome
Não enriquece com o que me tirou,
Mas a mim deixa pobre, realmente.
(*Otelo* – III.III.157-163)[11]

---

10   GHIRARDI, *op. cit.*, p. 184.

11   "IAGO
Good name in man and woman, dear my lord,
Is the immediate jewel of their souls:
Who steals my purse steals trash –'tis something-nothing.

Iago está, nesta passagem, mais uma vez, atiçando os pensamentos negativos de Otelo. Ao mesmo tempo em que provoca o ciúme, pois ao falar de uma bolsa que era de alguém, depois foi de outro e fora de mil certamente leva Otelo a pensar na castidade de Desdêmona, consegue incutir, na mente dele, a ideia de que o pior é que, por trás da traição, está a perda do bom nome, da reputação. A traição, pensada nestes termos, que seria algo relativo à nossa dimensão privada, quando efetivada, tem dimensões públicas porque "bom nome é tudo". À desgraça privada segue a desgraça pública. Tudo se passa como se o pior fosse que, além de ser traído, os outros ficariam sabendo da traição... Em *Otelo* a perda da reputação é colocada de duas maneiras que se interligam: é o sexo e a cor que se colocam em jogo na trama da tragédia.

De alguma maneira, como vimos anteriormente, o casamento com Desdêmona, o comando das tropas venezianas, a coragem no campo de batalha, a nobreza de espírito, todos estes atributos parecem que "embranquecem" Otelo. Perder Desdêmona, então, é mais do que perder a própria mulher. É, de alguma forma, perder a proeminente posição pública a que se alçou. Otelo teme que as pessoas o enxerguem como ele efetivamente é: negro. Esta característica física que se situa no mais profundo e visível de sua particularidade, é justamente o que, publicamente, Otelo quer esconder. Ser atacado, portanto, assim, em sua virilidade, não apenas é algo que incomoda sua posição máscula de militar, mas também, que remete a sua verdadeira cor, procedência e costumes. Então, a hipotética traição ganha novos contornos. É o soldado, o homem, o guerreiro de sucesso, o galanteador de mulheres brancas que se esvai. E tudo que sobra, no pensamento de um homem que não conseguiu superar os preconceitos alheios, é um mouro negro traído. Otelo é o personagem que vence todas as batalhas externas que se lhe antepõem, mas que perde todas as lutas internas, dentro de si mesmo, que se apresentam.

Em *Rei Lear* a relação de imbricação entre público e privado não poderia ser diferente. Logo no início da peça, Lear, ao pedir para as filhas discursos de amor em troca de partes do reino, já nos mostra como a separação de público e

---

'Twas mine, 'tis his, and has been slave to thousands –
But he that filches from me my good name
Robs me of that which not enriches him
And makes me poor indeed." (Othelo – III.III.157-164).

privado não fazem sentido para o rei. Estas duas dimensões perdem suas demarcações na medida em que é o território político do Estado o que está em jogo no leilão dos afetos realizado por Lear.

Os seguintes versos de uma fala de Lear para Regan talvez ajudem a entender a relação público / privado nesta tragédia shakespeariana:

LEAR
>[...] Tu conheces melhor
>Os dons da natureza, os filiais,
>As leis de cortesia e gratidão;
>Não esqueceste a metade do reino
>Que te dei eu.
>(*Rei Lear* – II.IV.166-170)[12]

Lear, no caso, inicialmente, chama a atenção de Regan para o fato de ela saber melhor os dons da natureza do que a irmã, ou seja, o dever filial, que imprimiria a regra da cortesia e gratidão. Com esta fala, Lear pretende ser admitido como hóspede no castelo da filha, conforme havia pensado que seria o fim de sua velhice quando distribuiu o reino. Ele lembra, então, no começo destes versos, o fato dela ser *filha* e, portanto, ter um dever para com ele, seu *pai*. É um apelo de dimensão privada. Porém, ao fim do trecho, Lear traça mais um argumento para a filha aceitá-lo: ela lhe deve gratidão porque recebeu dele metade do reino. Ou seja, quando ele era *rei*, entregou metade do reino para ela e, agora, quer ser tratado como deveria. É um apelo que remete ao seu reinado e, portanto, de fundamento público.

O poder, na Escócia em que se passa a história trágica de Macbeth, não era passado, necessariamente, pelo sangue. A hereditariedade não era o critério natural de aquisição de poder.[13] Macbeth tem bons motivos para almejar o trono.

---

12   "LEAR
    [...] Thou better knowst
    The offices of nature, bond of childhood,
    Effects of courtesy, dues of gratitude.
    Thy half o'the kingdom hast thou not forgot,
    Wherein I thee endowed." (*Rei Lear* – II.II.366-370).

13   Cf., neste sentido, GHIRARDI, *op. cit.*, p. 166.

É campeão no campo de batalha contra traidores, mostrando perícia fora do comum na arte da guerra. O rei Duncan, no entanto, declara que o poder, quando de sua morte, será de Malcolm, seu filho. Este personagem, que adquirirá o poder no fim da tragédia, não tem, ao que tudo indica, os atributos necessários para ser coroado, o que acaba por frustrar as elevadas expectativas de Macbeth. Se este herói trágico é considerado valoroso, distinto e leal, por que não passar o poder para ele? Duncan procede à lógica privada, de conceder o trono a seu filho, preterindo a lógica pública de entregar a coroa ao mais destacado dos nobres de seu reino. Tal ação providenciará o impulso que determinará o regicídio realizado por um ambicioso Macbeth e o consequente governo de um tirano, na medida em que este personagem, ao longo da peça, somente vai se preocupar em manter o poder.

Uma passagem da peça pode auxiliar a compreendermos a dimensão do público e do privado em *Macbeth*:

MACBETH
[...] Ele está aqui,
Por dupla confiança, sob meu cuidado:
Primeiro, sou seu súdito e parente –
Duas razões contra o ato. Como hospedeiro,
Devia interditar o assassino
E não tomar eu mesmo o punhal.
(*Macbeth* – I.vii.12-17)[14]

Sem saber, Duncan se hospeda no castelo de Macbeth, seu futuro assassino. Porém, como ressalta Macbeth, Duncan tem dois motivos de ordens diferentes para não se preocupar, se bem que estes motivos se mostram insuficientes para salvar a sua vida. O primeiro motivo é que, na qualidade de rei, Duncan tem proeminência sobre todos os seus súditos, inclusive, obviamente, Macbeth. Tramar contra o rei, ao tempo de Shakespeare, é certamente um erro punível com

---

14 "MACBETH
[...] He's here in double trust:
First, as I am his kinsman and his subject,
Strong both against the deed; then, as his host,
Who sould against his murtherer shut the door,
Not bear a knife myself." (*Macbeth* – I.vii.12-16).

a morte, mesmo que o ardil não tenha passado de mera conjectura. Existe, assim, um motivo público, exterior, de caráter político, para que Macbeth não mate o rei. Por outro lado, é na qualidade de parente do rei que Macbeth vai, também, encontrar um possível obstáculo a sua ação golpista. Como primo de Duncan e, ao que parece na peça, também um "quase filho" pela idade, seria de se esperar que Macbeth respeitasse a lógica familiar privada, e fizesse de tudo para proteger Duncan, ao invés de o matar.

Macbeth, quando decide então "tomar eu mesmo o punhal", vai transgredir tanto a ordem pública como a dimensão do privado, através do mesmo ato, na medida em que contraria a relação de subordinação e consideração que deve ao rei e, também, desrespeita a ordem das relações familiares que se estabelecem pelo vinculo sanguíneo.

O homem trágico

O príncipe como personagem trágico em Maquiavel

> Todo poder é triste.
>
> Alain

  Talvez a tristeza inerente ao poder possa servir de porta de entrada no universo das relações entre política e tragédia. Pois, no poder, verificamos o caráter passageiro de nossa existência com maior facilidade do que em outras dimensões humanas. Todo poder se extinguirá pela força do tempo ou pela resistência ao seu exercício. O poder é, em essência, um atributo vazio de significado. Daí, quem sabe, sua tristeza. Para fazer sentido, precisa ser preenchido com algum objetivo a ser perseguido. E vislumbrar um homem no auge do poder é, certamente, ao mesmo tempo, perceber a futura decadência de seu estado. Se podemos encontrar o poder em todas as relações humanas, na medida em que é um elemento da própria comunicação entre os homens, por outro lado, estes não podem detê-lo para sempre. Em algum momento, o poder passará e, tal qual a nossa existência, deixará de ter sentido.

  Maquiavel constrói a imagem, a personalidade, o objetivo do sujeito da política de modo que seu livro praticamente propõe o príncipe como uma personagem teatral. Até mesmo podemos ler nas recomendações de Maquiavel para o príncipe um princípio de ação, a atuação da personagem na dimensão teatral do palco da política.

Maquiavel tinha um apurado senso estético. Suas obras são extremamente bem escritas e ele se utiliza, frequentemente, de metáforas para ilustrar o argumento que deseja defender. Seus escritos têm, além disso, um estilo inconfundível que seduziu vários pensadores e políticos ao longo da história. Porém, é possível na descrição, na construção da identidade do príncipe, enxergarmos um caráter estético trágico na obra. Procuraremos, neste capítulo, mostrar de que maneira o príncipe de Maquiavel, enquanto ator-político, pode ser entendido, também, como um verdadeiro ator-personagem.

Não se trata, em todo caso, de um personagem que terá um itinerário repleto de atribulações e, ao fim, morre devido à fatalidade inexorável de um destino incontornável. O príncipe maquiaveliano, por óbvio, não é trágico, neste sentido. Será preciso agenciar outros argumentos, outros elementos, para podermos identificar o caráter trágico desta figura que detém o poder político.

O Príncipe caracteriza de tal maneira o sujeito da política que é como se pudéssemos enxergá-lo à nossa frente. Dispõe, inclusive, sobre a consciência deste político, desculpando-o previamente de seus próprios atos nos casos em que houver conflito com a ética cristã tradicional. A estruturação deste príncipe, que ocorre durante os capítulos (atos?) do livro estudado, ao que nos parece, obedece a uma lógica da dimensão teatral da política. O príncipe de *virtù* é um dissimulador – quando necessário –, um enganador que *representa* o que for imprescindível para o alcance do poder: um ator?

Este príncipe que se quer homem de sucesso tem que saber jogar com as aparências, desempenhar o papel que lhe for dado pelas circunstâncias, mesmo que tal papel não seja o de um homem virtuoso. Deve estar pronto para representar o que quer que seja necessário para alcançar e se manter no poder. Deve, ao meio do jogo de poder, ser, às vezes, um personagem de si mesmo, caricatura do homem poderoso que se pretende. Usa a máscara que melhor cabe para determinar sua persona de governante.

Se a tragédia é conflito, uma contradição de essência que não pode ser solucionada, este caráter conflitivo aparece, nitidamente, na figura do príncipe maquiaveliano. Ele está sempre ao meio de duas ordens de valores. Uma ordem que é válida para todos os homens, fundada em princípios cristãos universais, e outra ordem de caráter político que está ligada a uma razão instrumental em que se obedece aos quesitos imprescindíveis para o alcance e manutenção do poder. O príncipe maquiaveliano concentra em si estas duas ordens de valores e tem que saber, através de um senso de oportunidade, jogar politicamente com estas duas dimensões.

Neste sentido, o que diferencia o príncipe do bom cidadão? A ambição. Os grandes são ambiciosos, mas a ambição sem habilidade, sem *virtù*, é desprezada por Maquiavel. A ambição mesquinha de nada serve — é preciso ter um objetivo efetivamente válido para que se possa passar por cima de toda a ética cristã tradicional e alcançar o que se deseja. No conceito de *virtù*, podemos verificar que o príncipe é um estrategista do poder. Sabe fazer os jogos necessários para obter ou manter o poder, sabe escapar das armadilhas políticas, está sempre disposto para a guerra. De fato, o príncipe astuto está sempre de sobreaviso, desconfiado, paranoico. Ele sabe que, a qualquer momento, pode ter seu poder em perigo. Afinal, segundo Maquiavel, existem inimigos e até os amigos não são inteiramente confiáveis.

Porém, o conceito de *virtù* não esgota o príncipe de Maquiavel como uma personagem trágica.

Não há tragédia sem a presença ameaçadora da *fortuna*, ou se preferirmos, no limite, da própria morte. É óbvio que a personagem política trágica também depende deste fator que nos escapa, desta dimensão incalculável. No confronto entre a *fortuna* e a *virtù* de um homem, o príncipe de Maquiavel é eternamente assombrado pelo espectro do que ele mesmo poderia ou deveria ser se a sua *virtù* correspondesse à *fortuna*.

Pois não é exatamente este o problema do príncipe novo?

De nada adianta ter *virtù* de sobra se a *fortuna* não corresponder a esta qualidade. Mas, como o príncipe não sabe, de antemão, se será favorecido pela *fortuna*, ele deve tomar algumas atitudes e precauções de modo a fortalecer sua posição. Dominar o inesperado. Tomemos a metáfora do arco e flecha, conforme Maquiavel dispõe no *Príncipe*, como exemplo.

Segundo tal metáfora, o homem de *virtù* age como os arqueiros precavidos. Na medida em que é demasiado longe o alvo a que querem atingir e, ao mesmo tempo, conhecendo o alcance de seu arco, acabam fazendo pontaria para um ponto muito mais alto do que o que aparentemente seria o visado. E, no entanto, assim o fazem para atingir o alvo de maneira certeira.

Esta metáfora, das mais conhecidas do livro mais famoso do florentino, certamente significa que o homem de *virtù* deve, muita vezes, agir com exagero ou de maneira ambiciosa se quer realmente atingir os seus objetivos. A tragédia tem algo a ver com a ideia de excesso, com a intensidade dos acontecimentos, com a ausência de moderação. O trágico é sempre aquilo que passa do limite do aceitável comumente. O homem que mira baixo, que não tem, portanto, altas pretensões, está fadado ao fracasso porque não age com a *virtù* necessária para, por assim dizer, dominar a *fortuna*. Essa *fortuna* representa, na política, exatamente o imponderável, seu aspecto trágico, sua dimensão da imprevisibilidade. Segundo Marilena Chaui:

> Dos gregos ao século XVII, a contingência ético-política recebeu um nome: *Fortuna*. Personificada como deusa, na mitologia greco-romana, na literatura e na pintura, a Fortuna é representada emblematicamente como uma jovem nua, com o zodíaco como cinta, um manto branco esvoaçante ao vento, seus pés sobre um globo, numa das mãos a cornucópia e noutra a roda que faz girar sem cessar. Inconstante, caprichosa, cruel, meretriz, volúvel, inconsequente, a Fortuna é o signo e o símbolo da adversidade e da felicidade imprevistas, da relação do homem com a exterioridade com o tempo. *Todo o esforço da razão ocidental, até nossos dias, foi empregado para compreendê-la, dar-lhe sentido e, sobretudo, dominá-la.*[1] (Grifo nosso)

A *fortuna*, esta dimensão do inesperado, do desregrado, do contingente, aparece no *Príncipe* como um fantasma a assombrar o governante. Ele pode, por vezes, tudo fazer de acordo com o que é esperado de sua posição, pode ser desconfiado, precavido, impetuoso, enérgico, exagerado e, mesmo assim, devido à influência da *fortuna*, não conseguir atingir plenamente seu objetivo. Se a *virtù* é atributo que só depende de nós mesmos, a *fortuna* é aquele algo que não podemos controlar e que, ao fim, coroará ou não o desejo de poder. Marilena Chaui, no trecho citado, destaca que existe todo um esforço da razão ocidental em dominar a *fortuna*. Poderíamos ir além e dizer que existe um esforço do poder, da violência, da dominação, da força ocidental em submeter à *fortuna*. A tragédia da política é, no limite, a impossibilidade de previsão do sucesso do príncipe em adquirir ou se manter no poder. É a percepção de que, no fim das contas, o príncipe é um mero personagem no palco do poder e segue um roteiro que ele mesmo não pode determinar por completo.

---

1 CHAUÍ, Marilena. "Contingência e necessidade". In: *A crise da razão*. São Paulo: Companhia das Letras, 1996, p. 20.

O personagem trágico como príncipe em Shakespeare

> *E eu chamo: Natureza! Natureza! Os homens de Shakespeare são a natureza.*
>
> Goethe

Talvez não haja exagero em dizer que os personagens shakespearianos são compostos de maneira tão natural, tão profundamente articulada com o mundo da vida, de uma maneira em que seus sentimentos e suas emoções se tornam perfeitamente possíveis de serem encontrados em seres humanos de carne e osso. Às vezes temos a nítida impressão que eles possam ultrapassar a prisão do texto ou da quarta-parede e, andando por aí, poderem ser encontrados em nossas vidas, nos breves encontros que podemos ter com pessoas absolutamente instigantes. Em outras palavras, os personagens shakespearianos são pensados de maneira tão apropriada que, frequentemente, temos a impressão de que suas falas podem nos atingir diretamente, como ocorre em conversas que temos com pessoas que habitam o mundo do real.

Porém, os heróis trágicos que emprestam seu nome aos títulos das quatro tragédias que nos dispusemos a analisar têm, além do interesse na constituição de sua subjetividade, que é altamente elaborada, uma outra dimensão que deve ser levada em consideração: são homens detentores de poder.

Dizer que os personagens trágicos das peças de Shakespeare que procuramos estudar são o que, no período elisabetano, poderíamos chamar de príncipes, é apenas o primeiro passo para a compreensão de uma estrutura altamente complexa arquitetada pelo autor. Essa estrutura envolve a relação entre o personagem com a comunidade e seu destino. É preciso notar que o interesse do público pelos temas políticos, no tempo de Shakespeare, era muito grande, e os espectadores, de certa forma, ao se informarem de que a peça a ser desempenhada no dia era uma tragédia, já sabiam, de antemão, que veriam os atos e reflexões de homens públicos, mesmo antes destes personagens entrarem em cena.

Assim, o fato destes heróis trágicos serem príncipes e, desta maneira, ocuparem os centros de poder de seus reinos, significa mais que uma preferência em contar histórias de homens grandiosos. Existe, nesta escolha, um cálculo político pensado por Shakespeare. Trata-se, claramente, de uma visão em que o personagem trágico, ao conduzir a sua vida privada, por ser um príncipe, realiza, necessariamente, ações que terão consequências do ponto de vista político.

Os episódios de usurpação e morte se mostram, desta maneira, também, verdadeiras anatomias de crises políticas.[1] Shakespeare entrelaça o presente e o futuro da comunidade às ações e caráteres dos príncipes que as comandam. Inter-relacionando público e privado, de maneira consciente e magistral, o poeta monta seu esquema: a comunidade somente terá paz e ordem depois que o furacão trágico que envolve o personagem principal, o príncipe, acabar.

Essa preocupação com o caráter do governante e suas consequências no plano político acompanha Shakespeare desde a primeira tragédia, *Tito Andronico*, e da primeira comédia, *A Comédia dos Erros*, indo até *A Tempestade*, talvez a sua última obra. Por trás de tal ligação entre personagem e comunidade está uma convicção de que o bom governante é aquele que subordina seus interesses pessoais aos dos governados, aquele para quem o bem-estar da coletividade é o centro das preocupações. O mau governante, ao contrário, é pura e simplesmente aquele que deseja o poder pelo próprio poder, o ambicioso egoísta, ou aquele que deseja o poder para seu próprio benefício, de modo a pensar nos privilégios do cargo sem se preocupar com seus deveres.

Dessa maneira, a concepção de personagem trágico, em Shakespeare, é sempre aristocrática. O protagonista é sempre um comandante, um Rei, um

---

[1] HATTAWAY, Michael. "Tragedy and political authority". In: *The Cambridge Companion to Shakespearian Tragedy*. Cambridge: Cambridge University Press, 2002, p. 103.

Príncipe ou, como em *Otelo* e *Tito Andronico*, um comandante militar destacado. Esse grande homem, por seus próprios atos, acaba determinando seu futuro: os personagens, em Shakespeare, são responsáveis por seus atos.

A importância desse personagem acaba extrapolando suas próprias ações e determinando o destino de toda a comunidade, na medida em que é um líder. Apesar do número grande de personagens, muito maior que na tragédia clássica grega, as histórias são de um personagem, de um herói. Temos estrelas solitárias, mesmo em *Macbeth*.

O personagem trágico não está em conflito apenas com a ordem das coisas, determinada pela natureza ou pelos deuses, como as personagens da tragédia clássica grega antiga. O conflito principal, como pretendemos defender, está dentro das próprias personagens. É a auto-reflexão, a meditação. O solilóquio, arte que Shakespeare praticamente inventou, é o mecanismo mais propício para a representação dramática de nossos questionamentos mais profundos. Enquanto representação artística, é extremamente eficiente para demonstrar dúvidas existenciais, ambições, medos. A função do solilóquio não é, em princípio, informar o espectador sobre a história, mas sim expressar um homem pensando, invariavelmente, sob a tensão da culpa e do medo. Shakespeare encontra nesta forma, o solilóquio, o que torna possível expressar a tragédia de um homem como fenômeno que ultrapassa a dimensão das falas que podemos encontrar nas peças, ou seja, a dimensão externa em que o conflito se dá, e inscreve na subjetividade do personagem trágico a dimensão de auto-reflexão que será responsável pelos conflitos internos do personagem.

O resultado desse artifício é que o autor consegue conjugar a mais profunda investigação sobre a natureza do ser em conjunto com as exigências práticas da governança política.

O dilema de Hamlet, proceder com a vingança do assassinato de seu pai ou se deixar levar por um humanismo filosófico paralisante, é potencializado pelo fato de que em qualquer dessas duas alternativas, pelo fato de ser príncipe do reino da Dinamarca, teremos consequências de caráter político extremamente relevantes. Afinal, trata-se de matar um homem, mas não um homem qualquer. É o rei, o tio, o pai adotivo que merece ser morto por um príncipe, sobrinho, filho vingador. O destino de Hamlet, na qualidade de príncipe e sucessor ao trono, é o destino de todo o reino. Desta maneira, as considerações mais pessoais do personagem trágico, suas dúvidas existenciais, seus questionamentos mais profundos sobre a ordem das coisas, se mostram, para além da subjetividade, questões de caráter político.

Em *Otelo*, podemos ver, claramente, que com a crescente suspeita deste personagem para com a fidelidade de sua esposa, temos uma crescente desestabilização psicológica que o leva a ser indigno do cargo que ocupa. A degradação deste general que era ímpar em virtude segue, ao longo da peça, de uma maneira que o transforma completamente ante nossos olhos, até o ponto de se mostrar, no último Ato da tragédia, como um personagem-animalesco, incapaz de perceber as injustiças que acaba por conceber. Assim, ele trama a morte de Cássio, promove Iago, se esquece de governar e assassina Desdêmona, sua esposa. O que vemos, nas cenas que transcorrem aos nossos olhos nesta peça, é a história da degradação de um homem maior. O general em comando perde a dignidade, porém, não pelos motivos que atribui, mas sim pela sua completa incapacidade de percepção das armadilhas da linguagem que Iago tece para enganá-lo. De todas as tragédias de Shakespeare, *Otelo* talvez seja a mais entristecedora, porque mostra um amor verdadeiro, que conseguiu superar todos os preconceitos, dando lugar ao mais pérfido dos sentimentos humanos: o ódio.

Rei Lear, por sua vez, apresenta um problema que diz respeito à essência da representação e da dominação política: o que é ser um governante sem ter poder? A tragédia de Lear é perceber o que acontece com seu reino depois que ele se aposenta do cargo real. Seu itinerário de autoconhecimento, sua perda progressiva de lucidez, a degeneração de sua majestade, contrasta com a aparência exuberante de poder que ele demonstra no primeiro Ato da peça. O curioso é que a sua queda vai corresponder exatamente à instabilidade política do reino. Tanto que a tentativa de salvar Lear da tirania de suas filhas mais velhas vai se dar através de uma invasão estrangeira encabeçada por Cordélia, sua filha caçula. A famosa cena da tempestade, ao meio da peça, vai representar imageticamente a confusão, o turbilhão de acontecimentos que afligem o personagem central, o reino e a própria natureza. A injustiça para com Lear ultrapassa a dimensão familiar e mina as bases políticas do Estado. Não é comum que a salvação do reino seja vista a partir da lógica de uma invasão estrangeira. E, no entanto, é essa a alternativa limite politicamente que a peça nos apresenta, afinal, torcemos para que Cordélia consiga salvar seu pai dos infortúnios pelos quais ele passa ao longo das cenas. Talvez seja por isso que o insucesso de Cordélia se mostre tão trágico. Ela morre antes que o octogenário pai, sem tempo para que ele possa exteriorizar o seu amor por ela. Não há como não perceber que, de alguma maneira, a natureza foi contrariada. Ao fim da peça, já tomado pela loucura, Lear, que perdeu o título de rei, e também o de pai, perderá a razão, o que o caracterizava como homem. Em sua última fala na tragédia, clama contra a própria natureza que lhe tirou a filha mais querida. Repete, cinco vezes, a mesma palavra, dando um significado especial para a própria negação da morte e também da vida: *nunca*!

No que diz respeito a *Macbeth*, a construção do personagem trágico se dá de uma maneira diferente. Macbeth é, antes de tudo, um criminoso. Seu crime, que altera a lógica do poder na Escócia, é cometido pelo motivo mais egoísta: a ambição. Não há em Macbeth, ao longo da peça, nenhum interesse em favorecer a comunidade, promover a justiça ou estabelecer o bem-comum. Tudo que deseja é estar no poder e se manter no poder. E é, nesse sentido, que o enredo se desenvolve. Na qualidade de um herói criminoso, é chamado de tirano por todos os outros personagens, com exceção de Lady Macbeth, sua mulher, com quem compartilha a ganância de poder. Como em Shakespeare não pode haver poder legítimo que não esteja atrelado à justiça, o reinado de Macbeth é curto, e o expectador da peça sabe, desde o início, que este governante sairá do poder, perdendo a vida, inclusive, de modo a possibilitar o advento de um governante que efetivamente traga a paz para o Estado.

Considerações finais

> *O mundo inteiro é um palco,*
> *e todos os homens e mulheres simples atores;*
> *que têm suas entradas e saídas;*
> *E um homem representa, em seu tempo, diversos papéis[...]*
>
> Jacques em *Como Gostais* de Shakespeare

Shakespeare e Maquiavel, dois autores fundamentais para a construção do mundo moderno como o conhecemos, podem ser lidos a partir de uma chave de leitura que podemos chamar de *trágica*. Existe algo, nos textos destes autores, que nos convida e conduz a esta interpretação.

Desta maneira, é possível estabelecer uma relação entre a política e o direito, em suas obras, que obedeça a esta dimensão trágica. Isto porque ambos os autores parecem fornecer significados para o conceito de poder, núcleo estruturante da política, e para o conceito de justiça, núcleo estruturante do direito. Mais que isso, verificar uma dimensão trágica nas relações entre poder e justiça nas obras de Shakespeare e Maquiavel estudadas implica em uma determinada visão de como o universo dos conceitos opera no início da modernidade.

Se por um lado a dimensão trágica que conecta o poder à justiça em Shakespeare pode ser lida em suas tragédias maiores, de outro, acreditamos também ser possível perceber uma relação de tensão entre poder e justiça no *Príncipe* de Maquiavel. Neste caso, a grande questão vai ser justamente a possibilidade de poder sem justiça.

De qualquer modo, é interessante perceber como a ideia de tragédia ainda pode auxiliar na compreensão da construção artística, política e jurídica da modernidade. As duas vias de relação entre poder e justiça montadas no período inicial da Era Moderna, dois paradigmas diferentes representados, neste estudo, pelas grandes tragédias de Shakespeare e pelo *O Príncipe* de Maquiavel, parecem resumir, em muitos sentidos, a relação entre política e direito. Assim, se as posições de nossos dois autores sobre a relação entre poder e justiça não convergem, sendo efetivamente trágicas, porém em sentidos diversos, por outro lado, ambos os autores escrevem a partir de uma ruptura com a mentalidade anterior. O drama shakespeariano vai muito além das convenções medievais e apresenta em sua forma as contradições do período em que se inscreve. O pensamento de Maquiavel é claramente uma ruptura com a ideia clássica de bom governo / bom governante e, portanto, de uma política que se estabelece a partir de Deus, da razão ou da natureza. A justiça, que era elemento constituinte de uma política fundada nestas figuras, não diz mais nada ao poder enquanto exercício de homens que pautam suas ações pelos critérios práticos de conquista e manutenção deste poder. No momento de transição entre uma concepção de mundo moderno e um mundo pós-moderno, como parece ser o momento em que vivemos, a questão que surge seria a seguinte: existiria, ainda, uma dimensão trágica estruturada a organizar nossas práticas políticas e jurídicas? A tragédia ainda pode ser uma via relevante para a compreensão da relação entre poder e justiça?

E, se assim for o caso, estaríamos mais próximos de Shakespeare ou de Maquiavel?

Não é de hoje que percebemos um lapso entre o discurso, a teoria e a efetividade do mundo da prática. Se a dimensão shakespeariana nos ensina que o poder precisa de justificação, ou melhor, precisa ser justo, a tradição maquiaveliana aponta para o descompasso entre estes dois conceitos. E não há quem não tenha pensado, quando o assunto é política, que nossos governantes, que na teoria deveriam ser justos, muitas vezes se esquecem das dimensões éticas e jurídicas e estão, prontamente, interessados apenas na sua própria sobrevivência no jogo do poder. Em outros termos, a dimensão shakespeariana impregna nossos discursos, mas, na prática, percebemos os princípios da ação maquiavelianos. O texto de

Maquiavel, como enuncia, está preocupado com a "verdade efetiva das coisas" e não com abstrações sobre a política que podem ser extremamente agradáveis, mas que carecem por completo de utilidade prática. Curiosamente, se seu texto pode ser entendido como alguma espécie de teoria da ação política, ele assim só se constitui na medida em que nega toda a tradição da filosofia política teórica anterior ao seu escrito. É da essência de seus argumentos sobre o poder que Maquiavel propõe algo inusitado: uma teoria que somente se realiza por completo na medida em que se adequa aos imperativos da vida prática. Em Maquiavel, podemos perceber os princípios políticos de um realismo verdadeiramente assustador.

Estudar a imbricação ou a oposição entre poder e justiça em nossos autores é, de certa maneira, discutir as formas da ordem. Shakespeare e Maquiavel são pensadores da ordem, conforme tentou-se demonstrar. Essa ordem é mantida pela lógica da estruturação do personagem principal em Shakespeare e sua relação com o reino. Se a personagem, de alguma maneira, está desestruturada, o Estado, em si, também está em desordem. Em Maquiavel, o príncipe, esta personagem bem construída em sua obra, pode governar livremente sem ser justo. O poder não corresponde a critérios de justiça. A ordem, ou um Estado pacificado, deve ser mantido a todo custo, mesmo que à revelia da justiça.

Através do estudo de nossos autores, acreditamos ter sido possível demonstrar uma dimensão trágica por trás da relação entre poder e justiça nos contornos iniciais da modernidade. Por certo, tal afirmação implica, ao mesmo tempo, como dissemos, em uma percepção de duas tradições distintas de relacionamento entre estes conceitos. Fomos buscar na arte, no universo de representações criado por Shakespeare, uma ligação entre política e direito em que a figura do governante precisa ser justa para ter legitimidade. Por outro lado, buscamos nas primeiras formulações científicas sobre a política, aquelas que podem ser encontradas na obra de Maquiavel, uma dissociação entre poder e justiça que torna possível a existência de uma imagem do governante injusto como um representante viável, plausível e real.

A verdadeira tragédia implícita nas relações entre política e direito é que a sobreposição entre as duas esferas seria algo mais próximo da ordem do discurso que da ordem da prática. E, por outro lado, a irredutibilidade das duas esferas, seu desacoplamento, daria conta do mundo da práxis, mas seria insustentável como discurso. De uma maneira curiosa, o trágico como algo inexorável, algo que não podemos determinar nos dá uma escolha: é desejável que o poder seja justo – esta é a prática que conseguimos depreender da dimensão "teórica" de Shakespeare –, porém, percebemos que o poder não precisa ser necessariamente justo – esta é a teoria que podemos ler no manual prático de Maquiavel. Mas, como em toda tragédia, a escolha que nos é dada é a de sempre fazer as escolhas erradas. Talvez sempre as mesmas escolhas.

Anexo 1

Resumo do enredo de Hamlet

DRAMATIS PERSONAE

Hamlet, príncipe da Dinamarca

Cláudio, rei da Dinamarca, tio de Hamlet

Fantasma, espectro do antigo rei

Gertrudes, rainha da Dinamarca

Polônio, conselheiro de Estado

Laertes, filho de Polônio

Ofélia, filha de Polônio

Horácio, amigo e confidente de Hamlet

Rosencrantz, cortesão, antigo colega de estudo de Hamlet

Guildenstern, cortesão, antigo colega de estudo de Hamlet

Fortimbrás, príncipe da Noruega

Marcelo, oficial da guarda real

Bernardo, oficial da guarda real

Atores mambembes

Dois coveiros

Nobres, senhores, damas, soldados, marinheiros, mensageiros e demais servidores.

CENA

Elsinore e seus arredores

SINOPSE

Em uma hora propícia para aparições, quase meia-noite, dois sentinelas do castelo de Elsinore (Marcelo e Bernardo) aguardam por Horácio, amigo íntimo de Hamlet, para que esse averigue o mistério de um estranho espectro que tem rondado a região. Horácio vê, então, o fantasma do rei Hamlet e, após o insucesso de tentar falar com tal criatura sobrenatural, resolve chamar o príncipe para interpelar o fantasma.

A cena seguinte se passa no casamento do novo rei, Cláudio, irmão do falecido rei Hamlet, com a rainha Gertrudes, mãe de Hamlet. Tal festa ocorre, no entanto, apenas dois meses após a morte do marido. Todos festejam, exceto Hamlet que, ainda vestido de preto, de luto, não encontra motivos para alegria. Cláudio anuncia a todos que Hamlet é o próximo na sucessão do trono e o exorta a ficar em Elsinore e não voltar para a universidade de Wittenberg.

Hamlet vai averiguar os acontecimentos nas muralhas externas do castelo, conforme foi relatado por Horácio. Sente que "há algo de podre no reino da Dinamarca". O fantasma fala com Hamlet e revela que foi assassinado por Cláudio. Contando a história do assassínio, o espectro diz que, enquanto dormia fora envenenado por seu próprio irmão. Hamlet jura, após a ordem do pai, então, que irá vingá-lo e pede sigilo aos amigos sobre a aparição.

Laertes, filho do conselheiro do rei, Polônio, estava na corte da Dinamarca para o casamento e resolve partir de volta a França. Ofélia, também filha de Polônio, é advertida a não andar com namoricos com o príncipe, uma vez que ele tem estado muito estranho ultimamente e, ainda mais, porque em sua proeminente posição real ele tem, por assim dizer, mais liberdade que os demais no que diz respeito às questões sexuais.

A essa altura da peça, Hamlet já está se fingindo de louco para poder arquitetar sua vingança de maneira despercebida. Polônio acredita que a causa do estranho comportamento do príncipe seja a recusa de Ofélia contra as investidas de Hamlet e, portanto, que tudo não passa de uma dor passional juvenil.

Chegam à corte, para animar o príncipe, dois amigos da universidade, Rosencrantz e Guildenstern. Além disso, chega também uma trupe de atores mambembes. Hamlet pede para que eles desempenhem uma peça, *O assassinato de Gonzaga*, e adiciona algumas falas à peça. Com tal estratégia, Hamlet acredita poder fazer com que o rei se denuncie ao assistir o drama. A história desta peça também trata do assassinato de um rei inocente e, de certa forma, reproduz perfeitamente como deve ter sido o crime cometido por Cláudio. Assim que Cláudio percebe, na peça que assiste, a armadilha, se levanta e resolve ausentar-se no meio do espetáculo. Agora, se antes Hamlet tinha alguma espécie de dúvida sobre quem foi realmente que matou seu pai, ele está convencido de que Cláudio é o vilão.

Logo após esta cena, Hamlet tem a oportunidade perfeita para matar Cláudio, o qual está em um quarto rezando. Hamlet se aproxima, mas hesita porque teme que ao matar um homem rezando acabe por mandá-lo para o céu.

No quarto de Gertrudes, Hamlet discute com sua mãe. Fica a tal ponto irritado que, ao ouvir o barulho feito por alguém atrás das cortinas, acaba por dar uma punhalada, acreditando que se tratava do rei. No entanto, era Polônio quem se escondia ali e este morre no mesmo instante. O fantasma do rei aparece para Hamlet, mas Gertrudes não consegue enxergá-lo. Mais uma vez o fantasma exorta Hamlet a vingá-lo, mas que deve poupar Gertrudes. Ela seria julgada por Deus.

Cláudio percebe que Hamlet é um perigo e resolve mandá-lo para a Inglaterra, local em que seria assassinado. Embarca, assim, com seus dois amigos. No entanto, depois de algumas peripécias, consegue retornar a Elsinore.

A morte de Polônio leva Ofélia, que já estava insatisfeita com a relação com Hamlet, à loucura. Trata-se, afinal, de um caso grave. Seu namorado matou o seu pai. Ela acaba por morrer afogada. Laertes volta da França e resolve vingar o seu pai. Cláudio conspira com ele para que acabem por matar Hamlet. Em um duelo entre cavalheiros, Laertes terá o florete envenenado e, além disso, Cláudio oferecerá uma taça de vinho envenenada para o príncipe.

O final da tragédia é composto por uma série de acontecimentos que escapam ao controle dos planos de Cláudio. Gertrudes acaba bebendo o vinho que era destinado a Hamlet e morre, envenenada, ao meio do duelo. Laertes é ferido por sua própria espada e, uma vez que ela está envenenada, acaba morrendo também. Hamlet, também ferido mortalmente pelo veneno da espada, consegue matar Cláudio antes de morrer.

Hamlet pede a Horácio que conte ao mundo toda a tragédia. Fortimbrás, conquistador norueguês, invade o castelo e, ao ouvir a história de Hamlet pela boca de Horácio, resolve enterrar o príncipe com todas as honrarias devidas.

Anexo 2

Resumo do enredo de Otelo

DRAMATIS PERSONAE

Otelo, mouro, chefe militar a serviço de Veneza

Iago, alferes

Brabantio, senador

Desdêmona, filha de Brabantio, esposa de Otelo

Graciano, irmão de Brabantio

Ludovico, parente de Brabantio

Cássio, tenente

Rodrigo, fidalgo veneziano

Montano, governador de Chipre antes de Otelo

Emília, esposa de Iago

Bianca, amante de Cássio

O Duque de Veneza

Marinheiros, nobres, oficiais, mensageiros, criados.

CENA

O primeiro ato, em Veneza; os demais, em um porto em Chipre.

SINOPSE

Brabantio, nobre veneziano, é acordado por gritos que vêm das ruas que dizem que Desdêmona, sua filha, fora roubada e estaria a se casar em segredo com Otelo. Os gritos são enunciados de maneira oculta por Iago e Rodrigo, dois personagens que têm motivos para atrapalhar o matrimônio. Rodrigo é apaixonado por Desdêmona e Iago odeia profundamente o mouro Otelo. Tal ódio advém do fato de que Iago fora preterido no posto de lugar-tenente do general, que foi dado a Cássio, e a suspeita de Iago de que Otelo algum dia tenha se deitado com Emília.

Brabantio pede ao Duque que prenda Otelo. Acredita que este somente conseguiu o amor de Desdêmona através de força ou bruxaria. Otelo e Desdêmona falam então, na frente de todo Conselho, que se casaram por livre vontade e que se amam mutuamente. Contrariado, Brabantio, antes de sair de cena, faz uma advertência a Otelo: se Desdêmona enganou o próprio pai pode, facilmente, enganar o marido.

O Conselho resolve aceitar o casamento, mas tem um novo serviço para o general: proteger o posto de Chipre que está correndo o perigo de ataque dos turcos. Assim, Otelo e Desdêmona são mandados imediatamente para a ilha.

Iago começa a tecer seu plano. Primeiro, arrancar dinheiro de Rodrigo, depois com o mesmo golpe, acusar Cássio de ser amante de Desdêmona. Desta maneira, não só ele atingiria o general, mas também Cássio.

Otelo chega a Chipre e anuncia uma grande festa. Os turcos foram derrotados por uma tormenta no mar. Iago embebeda Cássio na festa e faz com que Rodrigo o envolva em uma briga. Otelo destitui Cássio pelo mau comportamento, mas Iago convence, de maneira maliciosa, Cássio de que a intervenção de Desdêmona pode reabilitar sua imagem perante o mouro. Iago consegue ser o escolhido para a substituição do cargo de Cássio.

Desdêmona, sem desconfiar de nada, decide ajudar Cássio. Sua insistência começa a provocar desconfiança em Otelo. Emília encontra um lenço de Desdêmona. Tal lenço fora o primeiro presente dado por Otelo para sua esposa e, para ele, representa o símbolo do amor entre eles. Emília entrega o lenço para

Iago, o qual havia inúmeras vezes pedido para Emília que o roubasse, mas ela não faz ideia de qual será a utilidade do lenço para o marido. Iago coloca, sorrateiramente, o lenço no quarto de Cássio.

Depois de mais maledicências de Iago sobre a relação de Cássio com Desdêmona, Otelo vê Cássio segurando o lenço. Pensa, sem muito cálculo, que Desdêmona dera o lenço para Cássio. Na mente de Otelo, o lenço começa a se configurar como uma prova material inegável da traição.

Otelo dá uma bofetada em Desdêmona, que nada entende, na frente de Ludovico, parente dela. À noite, Rodrigo, seguindo as sugestões de Iago, resolve matar Cássio, pensando que este é seu verdadeiro rival no amor de Desdêmona. Na luta Cássio fere Rodrigo. Iago, em meio à escuridão, fere Cássio e mata Rodrigo.

Otelo, enquanto isso, asfixia Desdêmona. Emília entra no quarto deles e percebe que toda a tragédia havia sido arquitetada por Iago. Acusa Iago, perante alguns personagens que entraram no quarto de Otelo, como verdadeiro culpado pela situação. Iago golpeia Emília mortalmente e é preso.

Otelo fere Iago e depois se suicida. Cássio é o novo governante de Chipre e a punição de Iago é deixada a seu cargo. Iago se recusa a falar sobre seu crime. Se recusa, aliás, a pronunciar qualquer palavra.

Anexo 3

Resumo do enredo de Rei Lear

DRAMATIS PERSONAE

Lear, rei da Grã-Bretanha

Goneril, filha de Lear

Regan, filha de Lear

Cordélia, filha caçula de Lear

Rei da França, marido de Cordélia

Duque de Borgonha

Duque de Corwall, marido de Regan

Duque de Albany, marido de Goneril

Conde de Kent

Conde de Gloucester

Edgar, filho de Gloucester

Edmund, filho bastardo de Gloucester

Curan, cortesão

Oswald, serviçal de Goneril

Bobo, da corte do rei Lear

Cavaleiros, oficiais, mensageiros, criados.

CENA

Grã-Bretanha

SINOPSE

O rei Lear decide que é o momento de se aposentar. Dividirá o reino em três partes e o distribuirá para suas três filhas. Ele quer ficar apenas com o atributo de rei e livrar-se dos encargos pesados que uma tal posição requer. Institui, assim, uma espécie de concurso entre as filhas. Elas devem declarar seu incondicional amor ao pai. Aquela que melhor discursar ganhará uma melhor parte nos bens. Goneril e Reagan, as filhas mais velhas, fazem então discursos exagerados e floreados. Fica claro que falam somente por ganância. Cordélia, a filha caçula, e mais querida pelo pai, no entanto, não consegue seguir a estratégia das irmãs. Acaba por deixar o rei irritado, pois se diz incapaz de expressar seu amor. Lear acaba banindo Cordélia e dividindo o reino apenas em duas partes. Kent, fiel seguidor e conselheiro, também será banido por tentar remediar a situação. O rei da França, admirado pela sinceridade da jovem, resolve desposá-la, apesar dela não ter nenhum dote. O rei decide que passará os meses, de maneira alternada, no castelo de cada filha e será acompanhado de cem cavaleiros.

No enredo paralelo, o conde de Gloucester se vê em uma situação delicada. Seu filho bastardo, Edmund, forjou uma carta em que o filho legítimo, Edgar, estaria a planejar a morte do pai para obter a sua herança. Edmund é o vilão maior da peça e aconselha Edgar a fugir e se disfarçar de mendigo. Kent também se disfarça e resolve ajudar ao rei, mesmo que este o tenha banido.

Goneril, logo na primeira estadia de Lear, já o contraria no que diz respeito aos seus soldados. Ela insiste para que Lear diminua o seu número e faz de tudo para que a visita de Lear seja desagradável. O bobo da corte já começa a esboçar o erro de Lear em ter dividido o reino. O rei decide então, depois de uma série de confusões, partir para o castelo de Regan, na esperança de receber um melhor tratamento.

Regan, no entanto, se mostrará anfitriã pior que sua irmã. Chega até a punir um dos fieis auxiliares de Lear amarrando-o em um tronco. Lear se dá conta de que as duas não querem ficar com o encargo de dar abrigo ao pai. Resolve, então, sair ao léu, ao meio de uma tempestade terrível que se anuncia.

A tempestade é símbolo das contradições do próprio enredo. Ela aponta para o fato de que tudo está errado. Filhos que mandam nos pais, o bobo mais sábio que um rei, um filho bastardo com mais poder que o legítimo. Lear grita contra os ventos e a chuva na pior das noites. Fica evidente que começa a perder a sanidade mental. Em um abrigo, Lear encontra o bobo, Kent e Edgar. Assim que a tempestade termina, Lear é levado até Dover por Kent.

Gloucester tenta intervir no tratamento que as filhas estão a dispensar ao pai. No entanto, Edmund conta os plano de Gloucester para Regan e seu marido, o Duque da Cornuália. Preso por traição, Gloucester terá os olhos furados pelas botas do duque. Edmund, que denunciou o próprio pai, recebe o título que sempre almejara. É o novo Conde de Gloucester.

O velho Gloucester, cego, e andando pelas estradas sem direção se depara com Edgar, seu filho. Sem denunciar seu disfarce, Edgar leva o pai até Dover. As tropas francesas que vêm em socorro do rei também desembarcam em Dover. Ali os pais, Lear e Gloucester, vão poder se reconciliar com os filhos que acabaram banindo injustamente.

Edmund, guiando as tropas inglesas, acaba com as tropas francesas e prende Lear e Cordélia. Ao mesmo tempo, Goneril envenena a irmã e, depois, acaba cometendo suicídio, por perceber que o marido sabe de sua infidelidade. Elas estavam já há algum tempo em disputa pelo amor de Edmund.

Gloucester morre. Edgar e Edmund duelam. Ferido, antes de morrer, Edmund diz que mandara enforcar Cordélia. Tarde demais, a filha predileta de Lear está morta. Em uma cena de extremo apelo emocional, Lear abraça o corpo morto da filha e completamente enlouquecido, morre com ela nos braços. Edgar é o novo rei.

Anexo 4

Resumo do enredo de Macbeth

DRAMATIS PERSONAE

Duncan, rei da Escócia

Malcolm, filho de Duncan

Donalbain, filho de Duncan

Macbeth, general do exército do rei

Banquo, general do exército do rei

Macduff, nobre da Escócia

Lennox, nobre da Escócia

Ross, nobre da Escócia

Fleance, filho de Banquo

Seyton, oficial de Macbeth

Lady Macbeth, esposa de Macbeth

Lady Macduff, esposa de Macduff

Bruxas

Nobres, crianças, oficiais, assassinos, criados, mensageiros, espectros.

CENA

Escócia, Inglaterra.

SINOPSE

A peça se inicia com a aparição de três bruxas. Elas estão a mexer sua poção do mal e a anunciar um futuro negro para a Escócia. Dizem, ao mesmo tempo: "O belo é feio e o feio é belo". O que já introduz as contradições que aparecerão ao longo dos Atos.

A cena muda para o comunicado de um oficial ao rei Duncan. Macbeth e Banquo, valentes em combate, aniquilaram os traidores, o rei da Noruega e o Barão de Cawdor. O título de Barão de Cawdor, ao fim da guerra, passará a Macbeth como recompensa por sua lealdade e coragem no campo de batalha.

Macbeth e Banquo, quando estão retornando da guerra, se deparam com as bruxas em uma charneca. Elas anunciam coisas que os deixarão abalados. A Macbeth dizem que é senhor de Glamis, senhor de Cawdor e aquele que ainda será rei. A Banquo, que apesar de não ser rei, será pai de reis. Tentam questionar as bruxas sobre seu vaticínio, mas elas desaparecem sem deixar vestígios.

Macbeth recebe a notícia de que foi nomeado senhor de Cawdor, tal qual as bruxas haviam profetizado. Começa a pensar se será realmente rei como elas também haviam dito. E, mais que isso, se deve dar alguma espécie de ajuda ao destino para que se torne efetivamente rei. Escreve à esposa, Lady Macbeth, contando todo o ocorrido.

O rei Duncan anuncia que seu filho será o sucessor no trono. Macbeth se sente extremamente contrariado. Duncan irá pernoitar no castelo de Macbeth. Lady Macbeth já começa a ter ideias assassinas no que diz respeito à conquista do trono.

Os dois, apesar da relutância de Macbeth, resolvem matar Duncan. Ela irá embebedar os vigias do quarto de Duncan e, quando estes estiverem desacordados, Macbeth poderá facilmente matar o velho rei. A culpa recairia sobre os guardas.

Macbeth executa o plano. Quando o assassinato é descoberto, na manhã seguinte, Macbeth finge estar a tal ponto tomado de fúria que, sem raciocinar mais, mata os guardas que teriam supostamente cometido o infame crime. Os dois filhos de Duncan, Malcolm e Donalbain, suspeitando de que o crime fora alguma espécie de armação, resolvem fugir para o exterior.

Macbeth é coroado. Agora, seu maior medo é que Banquo também tenha seu destino realizado tal qual as bruxas haviam profetizado. Ele decide contratar assassinos profissionais para matar Banquo e Fleance, seu filho. Os assassinos conseguem completar metade do plano: matam Banquo, mas Fleance consegue fugir.

No banquete de celebração da coroação, algo estranho acontece. Macbeth começa a ver o fantasma de Banquo. É o único que o vê, numa clara manifestação de sua consciência culpada. Fica a tal ponto desconcertado que começa a gritar com o fantasma e a levantar a suspeita dos outros convidados de que seria o autor dos assassinatos. Lady Macbeth tenta contornar a situação dizendo que o marido sempre sofreu com estas estranhas alucinações.

Macbeth resolve voltar à charneca onde encontrou as bruxas. Pede que elas lhe digam como será o futuro. Elas lhe dizem três coisas. Primeiro, ele deve tomar cuidado com Macduff. Segundo, que ele não pode jamais ser morto por um homem nascido de mulher. Terceiro, que ele reinará enquanto a floresta de Birnan não marchar contra ele.

Para tentar contornar o perigo que Macduff representa, Macbeth manda soldados para o castelo dele. Os soldados assassinam a mulher e os filhos de Macduff, o qual, no entanto, consegue fugir.

Lady Macbeth começa a ter estranhos comportamentos: sonambulismo e alucinações. Imagina a todo o momento que suas mãos estão ensanguentadas e que não há água suficiente em todo o oceano para limpá-las. Acaba por se suicidar.

Malcolm e Macduff comandam um exército para tirar Macbeth do poder. Camuflados por galhos de árvores, se aproximam do castelo. Isto dá a impressão de que a própria floresta de Birnam está a marchar contra Macbeth. No campo de batalha, a determinado momento, Macbeth se embate com Macduff. Este anuncia que nasceu de uma mulher que estava morrendo quando fora retirado de seu ventre. As profecias das bruxas se confirmam. Macduff mata Macbeth e acaba com o reinado sangrento e injusto. Malcolm é o novo rei da Escócia.

Bibliografia

OBRAS DE SHAKESPEARE

SHAKESPEARE, William. *The Complete Arden Shakespeare*. London: Arden, 2000.

_____. *Teatro completo – tragédias e comédias sombrias*. Trad. Barbara Heliodora. Rio de Janeiro: Nova Aguillar, 2006.

_____. *William Shakespeare – Teatro completo – 3 vols*. Trad. Carlos Alberto Nunes. Rio de Janeiro: Agir, 2009.

_____. *O rei Lear*. Trad. Millôr Fernandes. Porto Alegre: L&PM Editores, 1997.

_____. *Otelo*. Trad. Barbara Heliodora. Rio de Janeiro: Lacerda Editores, 1999.

_____. *Hamlet*. Trad. Millôr Fernandes. Porto Alegre: L&PM Editores, 2001.

_____. *Macbeth*. Trad. Manuel Bandeira. São Paulo: Cosac & Naify, 2009.

OBRAS DE MAQUIAVEL

MAQUIAVEL, Nicolau. "O príncipe". In: *Os pensadores*. São Paulo: Abril Cultural, 1973.

_____. *O príncipe – com comentários de Napoleão Bonaparte e Rainha Cristina da Suécia*. São Paulo: Jardim dos livros, 2007.

_____. *O príncipe* – Edição bilíngue. Trad. José Antônio Martins. São Paulo: Hedra, 2007.

_____. "Escritos políticos". In: *Os pensadores*. São Paulo: Abril Cultural, 1973.

_____. "A vida de Castruccio Castracani". In: *Maquiavel*. Brasília: Editora UNB, 1987.

_____. "Belfagor, o Arquidiabo". In: *Maquiavel*. Brasília: Editora UNB, 1987.

_____. *Comentários sobre a primeira década de Tito Lívio*. Brasília: Editora UNB, 2000.

_____. *A arte da guerra*. São Paulo: Martins Fontes, 2006.

_____. *A Mandrágora* São Paulo: Abril Cultural, 1976.

OBRAS SOBRE SHAKESPEARE

ALEXANDER, Nigel. "Critical disagreement about Oedipus and Hamlet ". In: MUIR, Kenneth; WELLS, Stanley. (orgs.). *Aspects of Hamlet*. New York: Cambridge University Press, 2009, p. 102-108.

ALVIS, John E. "Introductory: Shakespearean poetry and politics". In: ALVIS, John E.; WEST, Thomas G. (orgs.). *Shakespeare as a political thinker*. Durham: Carolina Academic Press, 2000, p. 1-28.

ALVIS, John E. "How not to kill a despot?". In: ALVIS, John E.; WEST, Thomas G. (orgs.). *Shakespeare as a political thinker*. Durham: Carolina Academic Press, 2000, p. 289-316.

AMORA, Mário. *Hamlet – a difícil arte de decidir*. Osasco: Novo Século Editora, 2006.

ARMITAGE, David *et. al.* "Introduction". In: ARMITAGE, David; CONDREN, Conal; FITZMAURICE, Andrew. (Orgs.). *Shakespeare and early modern political thought*. Cambridge: Cambridge University Press, 2009, p. 1-22.

ARMSTRONG, Jane. *The Arden dictionary of Shakespeare quotations*. London: Arden, 1997.

BAYLEY, John. *Shakespeare and tragedy*. London: Routledge, 1981.

BETHELL, S. L. "Shakespeare's imagery: the diabolic images in Othello". In: MUIR, Kenneth; WELLS, Stanley. (orgs.). *Aspects of Othello*. New York: Cambridge University Press, 2009, p. 29-47.

BEVINGTON, David. *Shakespeare's ideas – more things in heaven and Earth*. Hong Kong: Wiley-Blackwell, 2008.

BLOOM, Harold. *Shakespeare – a invenção do humano*. Rio de Janeiro: Objetiva, 2000.

_____. *Hamlet – poema ilimitado*. Rio de Janeiro: Objetiva, 2004.

_____. *Gênio*. Rio de Janeiro: Objetiva, 2003.

BOQUET, Guy. *Teatro e sociedade: Shakespeare*. São Paulo: Perspectiva, 1969.

BRADLEY, A. C. *A tragédia shakespeariana*. São Paulo: Martins Fontes, 2009.

CAMPBELL, Lily Bess. *Shakespeare's tragic heroes*. Cambridge: Cambridge University Press, 2009.

CINTRA, Rodrigo Suzuki. "O que há de Shakespeare no homem de hoje" *Diálogos e Debates – Revista da Escola Paulista de Magistratura*, Ano 2, n°1, edição 5, set. 2001, p. 8-11.

CLEMEN, Wolfgang. *The development of Shakespeare's imagery*. London: Methuen and Co. LTD, 1977.

CRYSTAL, David; CRYSTAL, Ben. *Shakespeare's words – a glossary & language companion*. London: Penguin Books, 2002.

DYLLON, Janette. *The Cambridge introduction to Shakespeare's tragedies*. Cambridge: Cambridge University Press, 2007.

EAGLETON, Terry. *William Shakespeare*. Oxford: Blackwell Publishers Ltd, 1986.

ELIOT, T. S. "Hamlet and his problems". In: *Selected Essays*. New York: Harcourt, Brace and Companie, 1932, p. 121-126

EMPSON, William. *Essays on Shakespeare*. Cambridge: Cambridge University Press, 1986.

FARACO, Sergio. *Livro das citações – Shakespeare de A a Z*. Porto Alegre: L&PM Editores, 1998.

FRYE, Northrop. *Sobre Shakespeare*. São Paulo: Edusp, 1992.

GHIRARDI, José Garcez. *O mundo fora de prumo*. São Paulo: Almedina, 2011.

GOETHE, J. W. "Para o dia de Shakespeare". In: *Escritos sobre literatura*. Rio de Janeiro: 7 Letras, 1997, p. 31-39.

_____. "Shakespeare e o sem fim". In: *Escritos sobre literatura*. Rio de Janeiro: 7 Letras, 1997, p. 39-56.

GREENBLATT, Stephen. "Shakespeare and the ethics of authority". In: ARMITAGE, David; CONDREN, Conal; FITZMAURICE, Andrew. (orgs.). *Shakespeare and early modern political thought*. Cambridge: Cambridge University Press, 2009, p. 64-79.

HALLIDAY, F. E. *Shakespeare*. Rio de Janeiro: Jorge Zahar Editor, 1990.

HATTAWAY, Michael. "Tragedy and political authority". In: MCEACHERN, Claire. (org.). *The Cambridge companion to Shakespearean tragedy*. Cambridge: Cambridge University Press, 2002, p. 103-122.

HAZLITT, William. *Characters of Shakespeare's plays*. La Vergne: Editora Bibliolife, 2009.

HEILMAN, Robert B. "Shakespearean comedy and tragedy: implicit political analogies" In: ALVIS, John E.; WEST, Thomas G. (orgs.). *Shakespeare as a political thinker*. Durham: Carolina Academic Press, 2000, p. 381-396.

_____. "The criminal as tragic hero: dramatic methods". In: MUIR, Kenneth; WELLS, Stanley. (orgs.). *Aspects of Macbeth*. New York: Cambridge University Press, 2009, p. 26-38.

HELIODORA, Bárbara. *Reflexões Shakespearianas*. Rio de Janeiro: Lacerda Editores, 2004.

_____. *O homem político em Shakespeare*. Rio de Janeiro: Agir Editora, 2005.

_____. *Falando de Shakespeare*. São Paulo: Perspectiva, 2007.

HERMAN, Peter C. "Macbeth: absolutism, the ancient constitution, and the aporia of politics". In: JORDAN, Constance; CUNNINGHAM, Karen. (orgs.). *The law in Shakespeare*. New York: Palgrave Macmillian, 2007, p. 208-232.

JAMES, Susan. "Shakespeare and the politics of superstition". In: ARMITAGE, David; CONDREN, Conal; FITZMAURICE, Andrew. (orgs.). *Shakespeare and early modern political thought*. Cambridge: Cambridge University Press, 2009, p. 80-98.

JOHNSON, Samuel. *Prefácio a Shakespeare*. São Paulo: Iluminuras, 1996.

JORDAN, Constance; CUNNINGHAM, Karen. *The law in Shakespeare*. London: Palgrave Macmillan, 2007.

KERMODE, Frank. *A linguagem de Shakespeare*. Rio de Janeiro: Record, 2000.

KIERNAN, Victor. *Eight tragedies of Shakespeare*. London: Verso, 1996.

KOTT, Jan. *Shakespeare nosso contemporâneo*. São Paulo: Cosac & Naify, 2003.

LACAN, Jacques. *Hamlet*. Campinas: Escuta/Liubliú, 1986.

LINGS, Martin. *A arte segrada de Shakespeare – o mistério do homem e da obra*. São Paulo: Polar, 2004.

MACRONE, Michael. *Brush up your Shakespeare*. New York: Harper & Row, 1990.

MANGAN, Michael. *A preface to Shakespeare's tragedies*. London: Longman, 1991.

MCALINDON, Tom. "What is a Shakespearean tragedy?". In: MCEACHERN, Claire. (org.). *The Cambridge companion to Shakespearean tragedy*. Cambridge: Cambridge University Press, 2002, p. 1-22.

MCGINN, Colin. *Shakespeare's philosophy – discovering the meaning behind the plays*. New York: HarperCollins Publishers, 2006.

MOURTHÉ, Claude. *Shakespeare*. Porto Alegre: L&PM Editores, 2007.

MUIR, Kenneth. *Shakespeare's tragic sequence*. London: Hutchinson & CO LTD, 1972.

MURLEY, John A.; SUTTON, Sean D. "Poetry and politics: an introduction and retrospect". In: MURLEY, John A.; SUTTON, Sean D. (orgs.). *Perspectives on politics in Shakespeare*. Oxford: Lexington books, 2006, p. 1-10.

NELSON, Eric. "Shakespeare and the best state of commonwealth". In: ARMITAGE, David; CONDREN, Conal; FITZMAURICE, Andrew. (orgs.). *Shakespeare and early modern political thought*. Cambridge: Cambridge University Press, 2009, p. 253-270.

PARKER, M. H. *The slave of life – a study of Shakespeare and the idea of justice*. London: Chatto & Windus, 1955.

PECK, John; COYLE, Martin. *How to study a Shakespeare play*. London: Macmillan Press, 1995.

PORTER, Joseph A. "Character and ideology in Shakespeare". In: KAMPS, Ivo. (org.). *Shakespeare left and right*. New York: Routledge, 1991, p. 131-146.

ROZAKIS, Laurie. *Tudo sobre Shakespeare*. São Paulo: Manole, 2002.

SILVA, Theófilo. *A paixão segundo Shakespeare*. Brasília: W Edições, 2010.

SISSON, C. J. *Shakespeare's tragic justice*. London: Methuen & Co. LTD, 1963.

SKINNER, Quentin. "Afterword: Shakespeare and humanist culture". In: ARMITAGE, David; CONDREN, Conal; FITZMAURICE, Andrew. (orgs.). *Shakespeare and early modern political thought*. Cambridge: Cambridge University Press, 2009, p. 271-281.

SOELLNER, Rolf. *Shakespeare's patterns of self-knowledge*. Ohio: Ohio State University Press, 1972.

SPURGEON, Caroline. *A imagística de Shakespeare*. São Paulo: Martins Fontes, 2006.

STAMPFER, J. "The catharsis of king Lear". In: MUIR, Kenneth; WELLS, Stanley. (orgs.). *Aspects of King Lear*. New York: Cambridge University Press, 2009, p. 77-86.

STENDHAL. *Racine e Shakespeare*. São Paulo: Edusp, 2008.

SÜSSEKIND, Pedro. *Shakespeare – o gênio original*. Rio de Janeiro: Jorge Zahar Editor, 2008.

VIGOTSKI, L. S. *A tragédia de Hamlet, príncipe da Dinamarca*. São Paulo: Martins Fontes, 1999.

WELLS, Stanley. *Oxford dictionary of Shakespeare*. Oxford: Oxford University Press, 1998.

WORDEN, Blair. "Shakespeare and politics". In: WELLS, Stanley. *Shakespeare Survey 44 – Shakespeare and Politics*. Cambridge: Cambridge University Press, 2002, 1-15.

OBRAS SOBRE MAQUIAVEL

ADVERSE, Helton. *Maquiavel – política e retórica*. Belo Horizonte: Editora UFMG, 2009.

ALTHUSSER, Louis. *Machiavelli and us*. London: Verso, 2000.

AMES, José Luiz. *Maquiavel – a lógica da ação política*. Cascavel: Edunioeste, 2002.

ARANHA, Maria Lúcia A. *Maquiavel – a lógica da força*. São Paulo: Moderna, 2006.

ARANOVICH, Patrícia Fontoura. *História e política em Maquiavel*. São Paulo: Discurso Editorial, 2007.

BARROS, Alberto Ribeiro G. de. "O pensamento político no final da Idade Média e no Renascimento". In: MACEDO JR., Ronaldo Porto. (coord.). *Curso de filosofia política – do nascimento da filosofia a Kant*. São Paulo: Atlas, 2008, p. 223-259.

BARROS, Vinícius Soares de Campos. "Maquiavel: sua época, suas ideias e a ditadura de transição" In: FILHO, Agassiz Almeida; BARROS, Vinícius Soares de Campos. (orgs). *Novo manual de ciência política*. São Paulo: Malheiros, 2008, p. 41-80.

_____. *10 lições sobre Maquiavel*. Petrópolis: Vozes, 2010.

BERLIN, Isaiah. "A originalidade de Maquiavel". In: *Estudos sobre a humanidade – uma antologia de ensaios*. São Paulo: Companhia das Letras, 2002, p. 299-348.

BIGNOTTO, Newton. "As fronteiras da ética: Maquiavel". In: NOVAES, Adauto (org.). *Ética*. São Paulo: Companhia das Letras, 1992, p. 113-126.

_____. *Maquiavel*. Rio de Janeiro: Jorge Zahar Editor, 2003.

CHISHOLM, Robert. "A ética feroz de Nicolau Maquiavel". In: QUIRINO, Célia Galvão; VOUGA, Cláudio; BRANDÃO, GILDO Marçal. (orgs.). *Clássicos do pensamento político*. São Paulo: Edusp, 2004, p. 51-75.

CINTRA, Rodrigo Suzuki. "O príncipe e a mandrágora: filosofia política e teatro em Maquiavel". *Revista Direito Mackenzie* – São Paulo, v. 5., 2011, p. 217-226.

FICHTE, Johann Gottlieb. *Pensamento político de Maquiavel*. São Paulo: Hedra, 2010.

GUANABARA, Ricardo. "'Há vícios que são virtudes: Maquiavel, teórico do realismo político'. In: FERREIRA, Lier Pires; GUANABARA, Ricardo; JORGE, Vladimyr Lombardo. (orgs). *Curso de Ciência Política – grandes autores do pensamento político moderno e contemporâneo*. Rio de Janeiro: Campus/Elsevier, 2009, p. 25-48.

LEFORT, Claude. "Sobre a lógica da força". In: Quirino, Célia Galvão e Sadek, Maria Teresa. (orgs.). *O pensamento político clássico*. São Paulo: TAQ Editor, 1980, p. 27-47.

_____. *Maquiavelo – lecturas de lo político*. Madri: Editorial Trotta, 2010.

MARTINEZ, Ronald L. "Comedian, tragedian: Machiavelli and traditions of Renaissance". In: NAJEMY, John M. (org.). *The Cambridge companion to Machiavelli*. Cambridge: Cambridge University Press, 2010, p. 206-222.

MERLEAU-PONTY, Maurice. "Nota sobre Maquiavel". In: *Signos*. São Paulo: Martins Fontes, 1991, p. 237-252.

NEDEL, José. *Maquiavel – concepção antropológica e ética*. Porto Alegre: Edipucrs, 1996.

PÉCORA, Antonio Alcir Bernárdez. "Política do céu (anti-Maquiavel)". In: NOVAES, Adauto (org.). *Ética*. São Paulo: Companhia das Letras, 1992, p. 127-148.

PINZANI, Alessandro. *Maquiavel & O príncipe*. Rio de Janeiro: Jorge Zahar Editor, 2004.

RIBEIRO, Renato Janine. "O retorno do bom governo". In: NOVAES, Adauto. (org.). *Ética*. São Paulo: Companhia das Letras, 1992, p. 101-112.

RODRIGO, Lídia Maria. *Maquiavel – educação e cidadania*. Petrópolis: Vozes, 2002.

SADEK, Maria Tereza. "Nicolau Maquiavel: o cidadão sem *fortuna*, o intelectual de *virtù* ". In: WEFFORT, Francisco C. (org.). *Os clássicos da política*. São Paulo: Ática, 2006, p. 11-50.

SINGER, André. "Maquiavel e o liberalismo: a necessidade da República" In: BORON, Atílio A. (org.). *Filosofia política moderna – de Hobbes a Marx*. São Paulo: Departamento de Ciência Política da Universidade de São Paulo/ Clacso livros, 2006, p. 347-356.

SKINNER, Quentin. *Maquiavel – pensamento político*. São Paulo: Brasiliense, 1981.

STRAUSS, Leo. *Thoughts on Machiavelli*. Chicago: The University of Chicago Press, 1978.

WEBER, Hingo. *O príncipe & Maquiavel sem ideologias*. Petrópolis: Vozes, 2007.

DEMAIS OBRAS

ABBAGNANO, Nicola. *História da filosofia – 12 vols.* Lisboa: Editorial Presença, 2006.

ARISTÓTELES. "Poética". In: *Os pensadores*. São Paulo: Abril Cultural, 1973.

AUERBACH, Erich. *Mimesis*. São Paulo: Perspectiva, 2009.

BALANDIER, Georges. *O poder em cena*. Brasília: Editora UNB, 1980.

BARELLI, Ettore; PENNACCHIETTI, Sergio. *Dicionário das citações*. São Paulo: Martins Fontes, 2001.

BARRETO, Vicente de Paulo (coord.). *Dicionário de filosofia do direito*. São Leopoldo/Rio de Janeiro: Editora Unisinos/Editora Renovar, 2006.

_____. (coord.). *Dicionário de filosofia política*. São Leopoldo: Editora Unisinos, 2010.

BAUMAN, Zygmunt. *Modernidade e Ambivalência*. Rio de Janeiro: Jorge Zahar, 1999.

BITTAR, Eduardo C. B. *Curso de filosofia política*. São Paulo: Atlas, 2005.

BLOOM, Harold. *Como e por que ler*. Rio de Janeiro: Objetiva, 2001.

_____. *Gênio – os 100 autores mais criativos da história da literatura*. Rio de Janeiro: Objetiva, 2002.

BOBBIO, Norberto. MATTEUCCI, Nicola; PASQUINO, Gianfranco. *Dicionário de política*. Brasília: Editora UNB, 1995.

_____. *Teoria geral da política – a filosofia política e as lições dos clássicos*. Rio de Janeiro: Elsevier/Campus, 2000.

CALVINO, Ítalo. *Por que ler os clássicos*. São Paulo: Companhia das Letras, 2007.

CANDIDO, Antonio; ROSENFELD, Anatol; PRADO, Décio de Almeida; SALLES GOMES, Paulo Emílio. *A personagem de ficção*. São Paulo: Perspectiva, 2000.

CANDIDO, Antonio. *Literatura e sociedade*. São Paulo: Companhia Editora Nacional, 1976.

_____. *O direito à literatura e outros ensaios*. Coimbra: Angelus Novus, 2004.

CARPEAUX, Otto Maria. *História da literatura ocidental – 4 vols.* Brasília: Edições do Senado Federal, 2008.

CARVALHO, Salo de. "Fronteiras entre ciência (dramática) e arte (trágica): aportes a partir das ciências Jurídico-criminais". In: SÖHNGEN, Clarice Beatriz da Costa; PANDOLFO, Alexandre Costi (orgs.). *Encontros entre direito e literatura – pensar a arte*. Porto Alegre: Edipucrs, 2008, p. 63-84.

CHAIA, Miguel. "A natureza da política em Shakespeare e Maquiavel". In: CHAIA, Miguel (org.). *Arte e política*. Rio de Janeiro: Azougue Editorial, 2007, p. 73-90.

CHÂTELET, François; DUHAMEL, Olivier; PISIER-KOUCHNER, Evelyne. *História das ideias políticas*. Rio de Janeiro: Jorge Zahar Editor, 2000.

CHAUÍ, Marilena. "Contingência e necessidade". In: NOVAES, Adauto. (org.). *A crise da razão*. São Paulo: Companhia das Letras, 1996, p. 19-26.

CHEVALLIER, Jean-Jacques. *As grandes obras políticas de Maquiavel a nossos dias*. Rio de Janeiro: Agir, 1990.

COMPARATO, Fábio Konder. *Ética – direito, moral e religião no mundo moderno*. São Paulo: Companhia das Letras, 2006.

COSTA, Nelson Nery. *Ciência política*. São Paulo: Forense, 2006.

DARBO-PESCHANSKI, Catherine. "Humanidade e justiça na historiografia grega, V-I a. C.". In: NOVAES, Adauto (org.). *Ética*. São Paulo: Companhia das Letras, 1992, p. 35-57.

DELEUZE, Gilles; GUATTARI, Félix. *O que é a filosofia*. 2ª ed. São Paulo: Editora 34, 2004.

DOLIN, Kieran. *A critical introduction to law and literature*. Cambridge: Cambridge University Press, 2011.

EAGLETON, Terry. *Marxismo e crítica literária*. Porto: Afrontamento, 1976.

FERRAZ JR., Tercio Sampaio. "Justiça como retribuição – da razão e da emoção na construção do conceito de justiça". In: PISSARA, Maria Constança Peres; FABBRINI, Ricardo Nascimento. (orgs.). *Direito e filosofia – a noção de justiça na história da filosofia*. São Paulo: Atlas, 2007, p. 1-16.

_____. "Entrevista" In: NOBRE, Marcos; REGO, José Marcio. (orgs.) *Conversas com filósofos brasileiros*. São Paulo: Editora 34, 2000, p. 273-298.

FORTES, Betty Y. B. Borges. "Literatura e Direito na Tragédia Grega". In: SÖNGEN, Clarice Beatriz da Costa; PANDOLFO, Alexandre Costi. *Encontros entre direito e literatura – pensar a arte*. Porto Alegre: Edipucrs, 2008, p. 19-36.

GAAKEER, Jeanne. "O negócio da lei e da literatura: criar uma ordem, imaginar o homem". In: BUESCU, Helena; TRABUCO, Cláudia; RIBEIRO, Sónia (coords.). *Direito e Literatura – mundos em diálogo*. Coimbra: Almedina, 2010, p. 13-47.

GAGNEBIN, Jeanne Marie. "As formas literárias da filosofia" In: SOUZA, Ricardo Timm de; DUARTE, Rodrigo. (orgs.). *Filosofia e literatura*. Porto Alegre: Edipucrs, 2004, p. 11-20.

GASSNER, John. *Mestres do teatro*. São Paulo: Perspectiva, 2007.

GODOY, Arnaldo Sampaio de Moraes. *Direito & literatura – ensaio de síntese teórica*. Porto Alegre: Livraria do Advogado Editora, 2008.

GRATELOUP, Léon-Louis. *Dicionário filosófico de citações*. São Paulo: Martins Fontes, 2004.

GRÜNER, Eduardo. "A tragédia, ou o fundamento perdido do político". In: VITA, Álvaro de; BORON, Atílio A. (orgs). *Teoria e filosofia política*. São Paulo: Edusp, 2004. p 15-52.

GUMBRECHT, Hans Ulrich. "Os lugares da tragédia ". In: ROSENFIELD, Denis L. (org.). *Filosofia e literatura: o trágico*. Rio de Janeiro: Jorge Zahar Editor, 2001, p. 9-19.

HAUSER, Arnold. *História social da arte e da literatura*. São Paulo: Martins Fontes, 2010.

HUISMAN, Denis. *Dicionário de obras filosóficas*. São Paulo: Martins Fontes, 2002.

_____. *Dicionário dos filósofos*. São Paulo: Martins Fontes, 2004.

JAEGER, Werner. *Paideia – A formação do homem grego*. 4ª ed. São Paulo: Martins Fontes, 2001.

LALANDE, André. *Vocabulário técnico e crítico da filosofia*. São Paulo: Martins Fontes, 1999.

LEBRUN, Gérard. *O que é poder*. São Paulo: Editora Brasiliense, 2009.

LEFORT, Claude. *As formas da história*. São Paulo: Brasiliense, 1979.

LORAUX, Nicole. "A tragédia grega e o humano". In: NOVAES, Adauto (org.). *Ética*. São Paulo: Companhia das Letras, 1992, p. 17-35.

LUKÁCS, György. *Arte e sociedade – escritos estéticos 1932-1967*. Rio de Janeiro: UFRJ, 2009.

MACHADO, Roberto. *O nascimento do trágico – de Schiller a Nietzsche*. Rio de Janeiro: Jorge Zahar Editor, 2006.

MAFFESOLI, Michel. *O instante eterno – o retorno do trágico nas sociedades pós-modernas*. São Paulo: Editora Zouk, 2003.

MAGALDI, Sábato. *O texto no teatro*. São Paulo: Perspectiva, 2008.

MALLARMÉ, Stéphane. *Rabiscado no teatro*. Belo Horizonte: Autêntica Editora, 2010.

MORA, Ferrater. *Dicionário de Filosofia (4 vols.)*. 2ª ed. São Paulo: Edições Loyola, 2004.

MUTRAN, Munira H.; STEVENS, Kera. *O teatro inglês da idade média até Shakespeare*. São Paulo: Global Editora, 1988.

NIETZSCHE, Friedrich. *O nascimento da tragédia ou helenismo e pessimismo*. São Paulo: Companhia das letras, 1992.

NUSSBAUM, Martha C. *A fragilidade da bondade – fortuna e ética na tragédia e na filosofia grega*. São Paulo: Martins Fontes, 2009.

OLIVEIRA, Isabel de Assis Ribeiro de. *Teoria política moderna – uma introdução*. Rio de Janeiro: UFRJ, 2006.

OST, François. *Contar a lei – as fontes do imaginário jurídico*. São Leopoldo: Editora Unisinos, 2004.

PAVIS, Patrice. *Dicionário de Teatro*. 3ª ed. São Paulo: Perspectiva, 2008.

PESSOA, Fernando. *Livro do Desassossego*. v. 1. Coimbra: Presença, 1990.

PINTO, Cristiano Otávio Paixão Araújo. "O teatro e a história do direito: a experiência da tragédia grega". In: TRINDADE, André Karam; GUBERT, Roberta

Magalhães; NETO, Alfredo Copetti (orgs.). *Direito e literatura – reflexões teóricas*. Porto Alegre: Editora Livraria do Advogado, 2008, p. 69-89.

POSNER, Richard A. *Law and literature*. Cambridge: Harvard University Press, 1998.

REALE, Giovanni; Antiseri, Dario. *História da filosofia – 7 vols*. São Paulo: Paulus, 2007.

RINESI, Eduardo. *Política e tragédia – Hamlet, entre Hobbes e Maquiavel*. Rio de Janeiro: Azougue Editorial, 2009.

RÓNAI, Paulo. *Dicionário universal Nova Fronteira de citações*. Rio de Janeiro: Nova Fronteira, 1995.

ROSA, Marco Aurélio. "Comentários sobre a banalidade do trágico". In: ROSENFIELD, Denis L. (Org.). *Filosofia e literatura: o trágico*. Rio de Janeiro: Jorge Zahar Editor, 2001, 72-76.

ROSENFELD, Anatol. *A arte do teatro – aulas de 1968*. São Paulo: Publifolha, 2009.

SELIGMANN-SILVA, Márcio. *Para uma crítica da compaixão*. São Paulo: Lumme Editor, 2009.

SÓFOCLES. "Édipo rei". In: *A trilogia tebana*. 8ª ed. Rio de Janeiro: Jorge Zahar Editor, 1998.

_____. "Antígona". In: *A trilogia tebana*. 8ª ed. Rio de Janeiro: Jorge Zahar Editor, 1998.

SZONDI, Peter. *Ensaio sobre o trágico*. Rio de Janeiro: Jorge Zahar Editor, 2004.

TRINDADE, André Karam; GUBERT, Roberta Magalhães. "Direito e Literatura: aproximações e perspectivas para se repensar o direito". In: TRINDADE, André Karam; GUBERT, Roberta Magalhães; NETO, Alfredo Copetti (orgs.). *Direito e literatura – reflexões teóricas*. Porto Alegre: Editora Livraria do Advogado, 2008, p. 11-66.

UNAMUNO, Miguel de. *Do sentimento trágico da vida*. Lisboa: Relógio d'água editores, 2007.

VERNANT, Jean-Pierre. *O universo, os deuses, os homens*. São Paulo: Companhia das Letras, 1999.

WILDE, Oscar. *Aforismos ou mensagens eternas*. São Paulo: Landy, 2006.

Índice remissivo

C

Conflito, 18, 31, 33, 34, 38, 39, 44, 49, 53, 54, 79, 94, 115, 136, 140

D

Destino, 30, 31, 33, 35, 41, 49, 50, 58, 89, 112, 113, 123, 135, 139, 140, 141, 174

E

Ética, 51, 52, 53, 54, 55, 63, 64, 65, 74, 75, 76, 79, 83, 125, 127, 136, 153, 154, 160

F

Filosofia, 4, 26, 27, 32, 50, 155, 158, 159, 161

Fortuna, 32, 46, 47, 48, 49, 50, 61, 62, 63, 79, 80, 84, 113, 119, 137, 138, 155, 160

H

Hamlet (personagem), 3, 6, 7, 11, 18, 19, 35, 40, 41, 44, 57, 58, 59, 61, 62, 64, 67, 86, 87, 88, 89, 90, 91, 92, 107, 115, 119, 120, 122, 123, 127, 128, 129, 141, 146, 147, 148, 149, 151, 152, 160, 164, 165, 166

J

Justiça, 6, 13, 14, 15, 17, 18, 19, 20, 21, 22, 24, 26, 27, 34, 35, 36, 40, 52, 53, 63, 71, 73, 74, 76, 77, 78, 79, 81, 82, 83, 84, 85, 87, 88, 91, 92, 93, 98, 101, 102, 104, 106, 107, 108, 110, 115, 118, 119, 120, 122, 124, 126, 128, 129, 142, 144, 145, 157, 158

M

Macbeth (personagem), 6, 7, 8, 18, 19, 30, 31, 35, 42, 57, 58, 61, 63, 64, 65, 68, 69, 77, 106, 107, 108, 109, 110, 111, 112, 113, 114, 119, 123, 127, 131, 132, 133, 140, 142, 146, 150, 173, 174, 175

O

Ordem, 12, 16, 18, 23, 27, 30, 32, 34, 35, 36, 39, 44, 45, 46, 47, 48, 49, 50, 52, 53, 54, 57, 81, 82, 84, 92, 94, 115, 116, 117, 118, 119, 120, 121, 122, 123, 124, 125, 128, 129, 133, 136, 140, 141, 145, 158, 165

Otelo (personagem), 6, 7, 18, 19, 35, 41, 44, 57, 58, 59, 60, 61, 62, 67, 68, 93, 94, 95, 96, 97, 98, 99, 100, 111, 119, 120, 121, 122, 124, 127, 128, 129, 130, 140, 141, 146, 167, 168, 169

P

Peças, 11, 12, 14, 15, 18, 20, 21, 23, 25, 37, 38, 43, 45, 57, 58, 64, 67, 69, 81, 82, 85, 87, 93, 119, 123, 127, 139, 141

Poder, 5, 6, 14, 15, 17, 18, 19, 20, 21, 22, 23, 24, 26, 27, 30, 35, 36, 39, 41, 42, 44, 47, 49, 51, 52, 54, 55, 57, 58, 59, 60, 61, 62, 63, 64, 65, 66, 68, 71, 72, 73, 74, 75, 76, 77, 78, 79, 80, 81, 82, 83, 85, 87, 88, 90, 91, 92, 94, 95, 98, 101, 102, 104, 105, 106, 107, 108, 109, 110, 112, 113, 115, 116, 118, 119, 120, 121, 123, 125, 126, 127, 128, 129, 131, 135, 136, 138, 139, 140, 142, 144, 145, 156, 159, 165, 166, 172, 175

Política, 2, 4, 6, 14, 15, 17, 18, 19, 20, 21, 22, 24, 25, 26, 27, 31, 45, 46, 49, 50, 51, 54, 55, 57, 58, 60, 63, 65, 70, 71, 73, 74, 75, 76, 77, 78, 79, 81, 82, 83, 84, 85, 106, 115, 116, 118, 119, 120, 121, 123, 124, 125, 126, 135, 136, 137, 138, 141, 142, 144, 145, 153, 154, 155, 156, 157, 159, 160

Príncipe, 27, 28, 47, 50, 54, 55, 58, 59, 64, 66, 67, 68, 72, 73, 74, 75, 76, 77, 78, 79, 87, 88, 115, 116, 117, 118, 120, 126, 127, 129, 135, 136, 137, 138, 140, 141, 145, 146, 152, 154, 155, 164, 165, 166

R

Razão de Estado, 115, 117, 118

Rei Lear (personagem), 6, 18, 19, 35, 44, 57, 58, 60, 65, 68, 101, 102, 103, 104, 119, 121, 122, 123, 124, 127, 131, 142, 170

T

Teatro, 13, 15, 14, 15, 17, 30, 33, 37, 45, 53, 89, 93, 100, 113, 146, 148, 154, 158, 160, 161

Tragédia, 13, 18, 21, 26, 27, 30, 31, 32, 33, 34, 35, 37, 38, 39, 40, 42, 43, 44, 45, 48, 49, 50, 51, 52, 54, 58, 59, 60, 62, 63, 64, 65, 67, 68, 82, 83, 84, 85, 86, 87, 89, 91, 93, 95, 98, 100, 104, 105, 106, 108, 110, 111, 112, 113, 115, 121, 122, 123, 124, 127, 129, 130, 131, 132, 135, 136, 137, 138, 139, 140, 141, 142, 144, 148, 152, 158, 159, 160, 166, 169

Trágico, 6, 18, 19, 23, 24, 26, 27, 28, 30, 31, 32, 33, 34, 35, 36, 37, 40, 43, 44, 45, 48, 49, 50, 51, 52, 53, 58, 71, 73, 78, 79, 84, 89, 104, 105, 106, 108, 113, 119, 124, 128, 132, 135, 137, 139, 140, 141, 142, 159, 161

V

Virtù, 22, 46, 47, 48, 49, 50, 55, 61, 62, 63, 72, 73, 75, 77, 78, 79, 80, 94, 106, 116, 119, 126, 136, 137, 138, 155

Agradecimentos

Desejo agradecer a uma série de pessoas que, seja pela leitura deste trabalho, seja pelo estímulo mais profundo ou mesmo pelo apoio discreto acabaram por me ajudar a realizar esta tarefa difícil e extenuante que é produzir uma obra acadêmica baseada em uma tese de doutorado.

Em primeiro lugar, seria o caso de ressaltar aquela mistura de paciência e rigor que é própria da leitura do Professor Doutor Tercio Sampaio Ferraz Jr. que, generosamente após ter sido meu professor na Faculdade de Direito da Universidade de São Paulo, foi meu orientador no âmbito do mestrado e do doutorado na mesma academia. Por seus conselhos, fica o registro de uma dívida.

É preciso lembrar, igualmente, o apoio dos professores José Garcez Ghirardi e Elza Antonia Pereira Cunha Boiteux. O primeiro por ter se tornado um excelente interlocutor, companheiro nas discussões entre Direito, Política e Arte, e a professora Elza Boiteux por ser pessoa a quem muito admiro e por estar sempre presente na trajetória de minha vida acadêmica.

Devo mencionar, também, os companheiros do coletivo editorial da Revista Zagaia, principalmente dois de seus membros: Thiago Mendonça e Silvio Carneiro. É muito bom e produtivo fazer parte de um coletivo com tais figuras, e nossas discussões sobre arte e política, sem sombra de dúvidas, acabaram por influenciar no desenvolvimento de algumas passagens desta obra.

Meus pais, Dyrceu Aguiar Dias Cintra Jr. e Vera Lúcia Suzuki Dias Cintra são os culpados, em muitos sentidos, pelo caráter interdisciplinar que orienta este livro. Desde cedo fui estimulado por eles a apreciar a arte e a levar a política a sério. O resultado talvez seja um pouco disso que o leitor tem em mãos. Agradeço, também, neste sentido, minha irmã, Ana Carolina, pelo carinho de sempre.

Por fim, saliento minha enorme gratidão a minha filha, Allegra. Pequenina, ainda, não pode ler esse texto. É o alvo de meu amor imenso. E se tenho coragem de apresentar este trabalho, é porque ela me incentiva, claro que sem nem mesmo saber ainda, todos os dias, mesmo sob o risco do insucesso, a tentar produzir o meu melhor.

Esta obra foi impressa em São Paulo na primavera de 2016 pela gráfica P3. No texto foi utilizada a fonte Minion Pro em corpo 10,5 e entrelinha de 15,75 pontos.